18歳を市民に

高校生を市民にする実践を
学校を越えて語り合い、聴き合います！

あなたも**高生研**へ

（全国高校生活指導研究協議会）

★年会費 6,000 円（銀行引き落としで納入）
★会員には、本誌（年 2 回発行）と会員通信（年 2 回発行）が送付される。
★会員申し込みは、事務局：info@kouseiken.jp まで。

高生研研究指標（1997 年 8 月 1 日決定）

1　私たちは、憲法と教育基本法の平和と民主主義の理念を今日的に発展させる立場から、人権の発展を目指すグローバルな動向に学び、すべての子ども・青年の個人的権利と集団的権利の実現につとめ、民主的な高校教育を追求する。

2　高校生が学校をはじめとした生活の中で、多様で豊かな社会関係をとり結び、主体的・創造的な学びを獲得し、他者と共存・共生するわざや見通しを身につけるよう指導する。

3　高校生が自治的な諸活動をつくり出し、青年・父母・市民と協同・連帯して社会の発展に参加する中で、社会の民主的形成者としての品性と自治的能力を身につけるよう指導することを原則とする。

4　個の成長と集団の発展の関係に着目した「集団づくり」の実践的伝統を引き継ぎ、国家および市場による教育支配に対抗しうる文化・社会・学校を創造する新たな実践の筋道を探る。

5　広く子ども・青年、父母、地域住民、近接領域の専門家と交流・提携しつつ、教育慣行と教育政策・制度の民主的転換に取り組み、10 代の子ども・青年の自立に関わるすべての教育機関の総合的発展に寄与する。

（注）指標 1 にある「教育基本法」とは、1947 年 3 月 31 日に公布されたものである。

高校生活指導　2024年218号

18歳を市民に

表紙・本文デザインレイアウト／岡崎健二

「18歳を市民に」 **高生研**

第62回全国大会 2024大阪大会

大会テーマ

「学校は楽しい！ 生徒が学校生活をつくるとき」

会期・会場

2024年8月2日(金)〜4日(日)

大阪商業大学

8月2日金	受付 9:30〜	プレ企画 記念講演会	受付 12:30〜	全体会 13:30〜17:00	休憩	交流会 18:00〜20:00
8月3日土	一般分科会 9:00〜12:30		昼食休憩 12:30〜13:30	一般分科会 13:30〜17:00	休憩	総会 18:00〜20:00
8月4日日	問題別分科会 9:00〜12:00		別れの集い 12:10〜12:50			

プレ企画 記念講演会 8月2日（金） 10：00〜12：30

『遊びのないところから新しい世界は生まれない』

＜どうなる？どうする！大阪から公教育を考える＞

『崩壊するアメリカの公教育』の著者で、教育研究者・土佐町議の鈴木大裕氏と考える。いまの大阪の公教育がかかえる問題点は、将来の全国の姿！？大阪の公教育の問題点と、その対抗軸を、全国の皆さんと考えていきたい。

鈴木氏は、１６歳で米国に留学し、大学、大学院で教育学を学ぶ。帰国後、通信教育で教員免許を取得し、６年半、千葉の公立中で教壇に立つ。２００８年に再渡米し、大学院博士課程へ。２０１６年、研究の成果である『崩壊するアメリカの公教育　日本への警告』（岩波書店）の出版を機に、一家で高知県土佐町に移住し、２０１９年４月に土佐町議会議員選挙でトップ当選。教育を通した町おこしにとりくんでいる。

全体会 （開会行事・基調討論 8月2日（金） 13：00〜17：00）

高生研 2024　大阪大会　基調発題　　　　かとう　りさ(公立高校)

学校は楽しい！生徒が学校生活をつくるとき

「本当は、この高校に来たくなかった」。不本意進学の生徒に向き合って、「楽しくなければ学校じゃない！」という構えでとりくんだ HR づくりの記録。統制と処罰がはびこる状況にあって、「理不尽」から生徒を守り、「事件・トラブル」を成長の糧とし、プロジェクト方式でクラス行事をつくった。

校内のルールを変え、行事を復活させ、「退学者 0」で卒業できた。なぜ、楽しい学校生活をつくり出せたのか、参加者と共に解き明かしたい。

参加費
・全日程（３日）参加　**４，０００円**　・２日参加　**３，０００円**　・１日参加　**２，０００円**
・高生研会員（※会員会費還元により１〜３日参加一律）**２，０００円**
・学生・保護者　　　**１，０００円**（ただし大会実行委員として参加した場合は無料）
・オンライン参加※　**１，０００円**　※オンライン参加の場合、PDF ファイルをダウンロードして参加して頂きます。

申込み方法　「高生研全国大会 2024 大阪大会参加申込フォーム」
からお願いします。６頁のＱＲコードから簡単にアクセスできます。

フォーム申込み締切　オンライン参加申込、対面参加申込みとも　７月２８日（日）

主催：全国高校生活指導研究協議会

＜一般分科会　8月3日（土）　９：００～１２：３０＞

１　［HR］　ジェットコースターマジック（オンライン対応決定）

大矢由加（大阪）

学校では、先輩教員らが文化祭で取り組む企画を中心としたＨＲ実践が大きな成果を上げたこととして受け継がれつつあった。木製ジェットコースターをＨＲ企画に選ぶことは生徒たちの成長を大きく促せると・・。校内での若手教員が、木製ジェットコースターに取り組もうとする生徒たちと、向かい合い挑戦していった実践報告。

２　［HR］　夜間定時制でのＲを巡る３年間

渡部翔子

夜間定時制高校に着任と同時に担任した 12 人は現在４年次までに半減した。それぞれに過酷な背景を持つ生徒たち。中でも不登校歴が最も長いＲは、義務教育の９年間のうち、登校できた期間は３年にも満たない。九九もアルファベットも身近な漢字も身についていない。学習や愛着に課題を持ち、コミュニケーションがひときわ難しいＲと行きつ戻りつ格闘した３年間の HR 実践。

３　［授業］　「公共」における主権者教育の試み（オンライン対応決定）

井出教子・ 中江彬文　（京都）

社会参画の経験は、主権者教育の重要な構成要素とされている。その理由は、自分自身が社会を変えられる存在であると子どもたちが認識する機会となるからである。そのような機会を「公共」でどのように設けることができるか。23 年度に取り組んだ“プロジェクト企画”の実践が生徒たちに与えた影響について報告したい。

４　［授業］　「冤罪」から出発する法教育の可能性（オンライン対応決定）

佐藤岬平（大阪）

勉強や生活に様々な「しんどさ」を抱える生徒たち。「生徒たちにとって本当に必要な学びとは何か」を考えてきた。憲法の学習で「冤罪」を扱ったところ、生徒たちの反応がよかった。そこで学校の特色である「学ぶ文化祭」でも「冤罪」に取り組むことにした。勉強に対して疎外感を抱いていた生徒たちが、「冤罪」学習にのめりこんでいく。「冤罪」から出発する法教育の可能性を探っていきたい。

＜一般分科会　8月3日（土）　１３：３０～１７：００＞

５　［HR］　「生きる」という意味で健全な場を作る（オンライン対応決定）

内藤美紀（東京）

問題や病気や障がいがあっても生徒たちはクラスに集う。その場をどう豊かに自分たちで作っていけるようになるかを軸として、たとえそこでくじけ、葛藤し、苦しんだとしても、その場にいること、他者と関わり続けることが大事だと思えるような集団性を作り、そこから学ぶことを求める。生きづらさを抱えた２人の生徒に焦点をあて、彼らが心の声を伝えながら、HR 集団とともにどう歩んでいったかを報告する。

６　［HR］　細分化された人間関係に、集団づくりをしかける（オンライン対応決定）

鈴木誠一（大阪）

一見すると、まじめでよく努力する生徒が集まっている看護科。報告者は３年生から担任となり、慌てて行事の指導に取り組んだのだが、担任の恣意的なメンバー選びに抗議の声があがり、その後のクラス指導で頭を抱えることになる。生徒たちの願いはどこにあるのか。担任としての願いはどこにあるのか。一緒に読み解いていきたい。

７　［授業］“楽しく深められる”授業を求めて～歴史教材の発掘と考える歴史への転換～(オンライン対応決定)

櫻井　颯（静岡）

良い授業とは何なのか。生徒の学習意欲を喚起させ、本当の意味での楽しい授業とは何なのか。この問いを考え続けてきた。現時点でたどり着いた答えは“楽しみながら深められる”授業である。

これまでの授業実践を中心に、歌教材や実物教材を活用しての授業と生徒の興味・関心、視方や考え方の変容との関連性について論じるとともに、今求められるべき授業の可能性を探ってみたい。

８　［授業］　謎解きＪ倶楽部　活動の軌跡～プロジェクト型授業の実践報告～

吉田真一（熊本）

生徒たちが「何をすればいいのですか？」「どうしてするのですか？」「それも自分たちで決めるのですか？」と疑問と不安と不満を持って取り組み始めた授業が、「とりあえずやるしかない」「おもしろそう」「うまくいかない、たいへーん」「なんとかなる」とふっきれとわくわくと障壁と最後は自信を手に入れた。３ 年生選択、４ 単位の授業を報告する。

＜問題別分科会　　8月4日（日）　9：00～12：00＞

1　ルールメイキングによる校則改定のとりくみ（オンライン対応決定）

長野仁志（大阪）

いわゆる「ブラック校則」が問題化して数年、校則の見直しが全国的に広がっている。文科省はじめ教育行政も生徒の人権上の観点から、また社会情勢の変化により合理的といえない校則は生徒や保護者等の意見もふまえ、見直すように求めている。A高校ではNPO法人「カタリバ」が主導する「ルールメイキング」による校則見直しにとりくんできた。その取り組みから、「生徒の権利・自治と教員の指導」「次の時代へ、学校がめざすべき教育と教員の仕事」について考察したい。

2　新高生研の生活指導を探って（オンライン対応決定）

相良武紀（豪 クイーンズランド）、望月一枝（栃木）、藤本幹人（滋賀）

なぜ私たちは高生研に集うのだろう。同僚や生徒との関係に傷つき、社会の情勢に失望し、日々に疲れながらも参加するのは、なにか大切な気づきを、ともに見い出すことが目指されている集団であるのかもしれない。高生研が温かくも馴れ合い関係に留まらず、発見の泉であり続けるには、何を大切にしていきたいのか。旧の解散を受けて新高生研が試行錯誤してきた過程を、「私たち」を主語にした実践記録をもとにみなさんと語りあいたい。

3　文学の授業と生活指導

但馬徹哉（東京）

本分科会では、国語だけでなく他教科の先生にも参加いただき「高瀬舟」の模擬授業を試み、学校の中で「低学力」とされ「受け皿」と呼ばれる選択授業での、生徒とのやり取りを書き起こした授業記録をもとに、授業づくりに悩んだり葛藤したりする思いを、交換／交感／交歓しあい深めたい。気軽にご参加を。

4　「弱さ」の共有、ケアコミュニティと自治的世界　内藤実践（和光高校）を元に（オンライン対応決定）

森　俊二（埼玉）、内藤美紀（東京）

内藤実践は、生徒たちが自分の弱みやつらさを語り、生徒同士をつなぎ自治的な世界（活動、リーダー集団など）をつくりだしている。今、なぜ我々は「弱さ」を語れないのか、またなぜ「弱さ」を語り共有することができるのだろうか。そしてそうしたケアコミュニティは、自治的な共同の世界とどうつながり、自己と彼らの関係性はどうエンパワーされるのだろうか。当事者研究やプリズン・サークルなどの実践研究も視野に入れて、共に深めたい。

交流会　8月2日(金)　18：00～　　＜5月末時点の情報＞（大会ブログにて確認を）

・「教育」で地域をつくる！/ 学校現場の声が伝わる！（大阪）18：00～20：00

梅北瑞輝さん（宮崎県立高校）、鈴木大裕さん（教育研究家）、久保敬さん（元大阪市立小学校長）ほか豪華ゲストとともに、質疑応答会や座談会を行いながら、語り飲み食べる"交流会"です。
定員や事前申し込み等は、今後の高生研大会応援ブログHPにご注意ください。

・ジャズを楽しむ　名称：「大阪ジャズの夕べ」（大阪）18：00～

場所：東梅田「ロイヤルホース」（会場の河内小阪駅から約45分）フィー：約5000円　定員：最大8名
※ 希望者は、下記QRコードから詳細確認の上、7月中に全国大会申込フォームの通信欄に明記してください。

＜高生研大会会場周辺アクセス＞　　大阪商業大学（〒577-8505　大阪府東大阪市御厨栄町1－5－25）の最寄り駅は近鉄奈良線の「河内小阪駅」。

大阪商業大学交通アクセス

河内小阪まで
・大阪の南の繁華街「なんば」から近鉄奈良線で14分
・鶴橋から6分
・新大阪からJRおおさか東線河内永和で乗り継ぎで約35分

＜保育＞希望される方は、フォーム（下記QRコードから申込）にご入力ください。＊締め切り7月15日

宿泊　各自でお取りください。　（オススメホテル）U-コミュニティホテル
＊電話にて「高生研大会に参加」と伝えると割引料金で予約可能（部屋数限定）。

＜大会に関する最新の情報・問い合わせ＞
「高生研大会ブログ―18歳を市民に―」　https://kouseiken.jp/Taikai/
中 西 治（高生研大会グループチーフ）e-mail：taikai-chief@kouseiken.jp

特集1

世界と出あう★世界を変える

最近衝撃を受けたのが、環境相との懇談時に水俣病被害者らの発言が制止された問題を巡り、「3分のルールを守らない方が悪い」という批判が寄せられたというニュース。

たった3分で、亡くなった人の思いを言葉にするのは土台無理な話なのに。新自由主義的社会で、社会は適応するものと刷り込まれた人々の「ルールは守るもの」とする認識は「校則は社会への耐性をつけるためにある」という教育現場の理屈と地続きになっている。

学校でこそ、それらから自由になって、「世界は変えられる」経験をつくりたい。生徒と教師とが新しい世界に出あうための手がかりを4本の実践から探りたい。

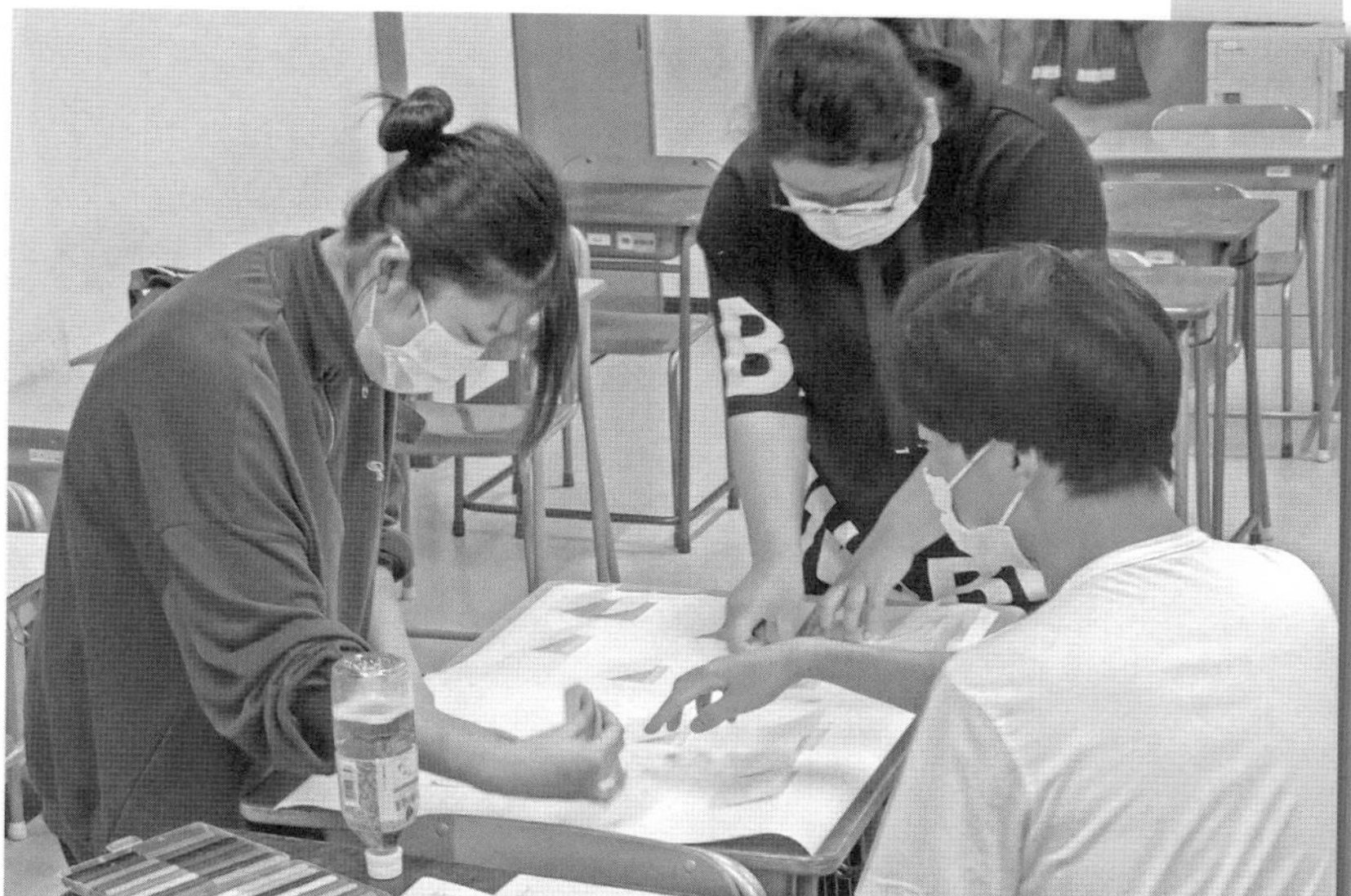

特集1 世界と出あう★世界を変える

実践記録①

ダイキとフウナの成長と課題

―「学ぶ文化祭」、応援団の取り組みを通じて―

大阪暁光高等学校　佐伯宗信

1　文化祭を通じたダイキの成長

暁光高校の文化祭は、各クラスがテーマを設定し、夏休み期間中から学習会やフィールドワークなどを重ねてテーマに沿う学びに取り組んでいく。そして、学んだ内容と生徒の感想を模造紙30枚ほどにまとめて文化祭当日に教室に展示する。これが暁光の「学ぶ文化祭」である。

ダイキが3年生の時の文化祭は、「在日コリアン」をクラスのテーマにした。文化祭での学習を通して在日コリアン（朝鮮人）という存在を知り、日本の加害の歴史に向き合い、「嫌韓」やヘイトの根を断ちたいという思いからだった。在日コリアンに対する差別と葛藤が描かれた『緑と赤』（深沢潮著）という小説を読み、感想を書くことをクラスの夏休みの宿題で出し、2学期に映画『パッチギ』をクラス全員で鑑賞し、在日コリアンに対する差別問題を考えていった。夏休み中には、ダイキを含めてクラスの役員（中心層）5名ほどと学習会を5回行い、コリアタウン（鶴橋）へフィールドワークにも出かけた。学習会では、『緑と赤』の感想交流を行いながら、在日コリアンに関する学習にも重きを置いた。

最初の学習会では、在日コリアンがなぜ日本に住んでいるのかという歴史を韓国併合から辿った。感想交流でダイキは、在日コリアンに対するネットでのヘイトや誹謗中傷について、「自分の発言や文字に責任を持たない人たちが好き勝手に発言や投稿をしている」と批判した。このようにダイキから自身の感情をのせた言葉が出てくるとは思っていなかった。ダイキの感想はほとんどが事実を記述して「〇〇〇だと思った」というものだったからだ。だからこそ、この学習会での自身の感情をぐらせた感想には驚いたし、3年間の地道な「充実ノート」の取り組みの積み重ねが生み出した言葉でもあると感じた。

充実ノートというのは、社会科の授業内容を復習してまとめ、その感想を書くというノートだ。1年当初は、歴史や社会的な出来事を記憶して終わらせる傾向にある生徒たちも、充実ノートに取り組む中で、徐々に自分ごととして歴史的出来事や現代社会の問題について考え、感想を書くようになる。ダイキは感想を書くのがかなり苦手で、1行書くのに数時間かかるなんていうことはざらにあった。こちらもそんなダイキにとことん付き合ったし、ダイキもそれに応えるかのように、充実ノートに取り組むことを3年間手放さなかった。その地道な積み重ねが3年時の文化祭の中で花開いた。

学習会で、NHKの「クローズアップ現代」やTBSの「報道特集」の映像を用いてヘイトスピーチについて学んだ際には、ダイキは「海外の方がたくさんあると思っていたけど、日本もヤバい。ヘイトをする人たちは、これまで日本が朝鮮やコリアンたちにしてきたことを知っているのだろうか」と朝鮮半島に対する日本の侵略と植民地支配を学んだことを踏まえて、怒りを持った感想を口にした。

小説『緑と赤』の中に、宍戸という人物が在日コリアンである友人の目の前でヘイトをする場面がある。ダイキは小説の中に入り込み、在日コリアンの登場人物に感情移入し、当事者性を持って在日コリアンへの差別やヘイトの問題に向き合おうとしていた。作中のヘイトをする人物（宍戸）に対してダイキは、「こんな差別的な発言をする人物とは友だちでいたくない。宍戸は、いま僕たちが学習しているような、日本が朝鮮にしてきたことを知っているのか。在日のことを馬鹿にしていて本当にヤバい奴だと思う。なりたくて在日になったわけではないのに、(友人から宍戸が) 在日だと知らされて、(友人が宍戸に)『ショックだ』と言われても、『そんなん知らんし』と思った」と書いてきた。

さらに、実はこの場面の中に、宍戸が韓国や在日に対して「昔のこと (侵略や植民地支配のこと) を未だにウダウダ言ってきてウザい」と述べるシーンがある。クラス役員のアットは「それに少し共感してしまった」と感想を述べたのだが、ダイキは、「僕はウザいとは思わない」と反論した。「もっと過去のことを知りたいし、差別とは違うけど僕自身も踏みつけられる側にいたことがあるから」と述べた。アットは率直に自分自身がヘイト側の主張に共感してしまう心情を吐露したのに対して、ダイキは自分自身の経験(いじめられた経験)から、踏みつけられた側、被害を受けた側はそれをずっと背負い続けて生きていくことを自覚し、意識し、そちらの側に立って問題を認識しようとしていた。そしてそれについて、怒りを胸に秘めながらアットに反論した。普段は口数が少なく、発言を求められると数分間考え込んで黙るようなタイプであるダイキの成長と熱量を感じる学習会だった。

最後の学習会でダイキは、差別に対してたたかっている在日コリアンや弁護士の名前をあげながら、「行動している人がいるから、『これは間違いだ』と言っていくこと、声をあげる方が良いと思う」と語っていた。さらには、「在日コリアンのことを学んでみて、いろんな人にこのこと(朝鮮半島の歴史や在日の歴史)を知ってほしいと思った。在日の人の苦労とか苦しみとかがあるし、それを何とかしたい。自分の周りでも困っている人がいて、それを知らない人がいるだろうから周りの人に知ってほしいと思った」「日本人の方が日本の加害の歴史や在日コリアンの歴史を知らないといけない」と語った。文化祭当日の展示会場では、誰よりも熱心に来場者に展示の説明を行うダイキの姿があった(2年の時は展示物の説明もせずに窓から外をずっと見続けていたダイキが)。ダイキは文化祭を振り返り、「一人で読むだけではなかなかわからなかったけど、学習会でクラスメイトや先生たちの意見も聞けて、自分とは違った感想も出てきてすごい勉強になった。この学習会は良いなと思った」と語った。

2 フウナの頑張りと失速

クラスの中でもさまざまな生徒の様子をみて、「あの子がクラスに居づらそう」ということにいち早く気付き、担任に伝え、担任と方針を一致させて行動してきたのはフウナだった。ただ、不安定な家庭状況のなかで、授業に集中できなかったり、大幅な遅刻・欠席が続くこともあった。

3年の1学期には、クラスの中で充実ノートを一番しっかり取り組んだ。「これやると疲れんねん」とウダウダ言いつつ、先輩として後輩に教えることを支えにしながら頑張った。体育大会の取り組みとして行われる各団ごとの色別充実ノート学習会では1年生に張り付いて、手取り足取り丁寧に充実ノートを教えるフウナの姿があった。

コロナの中で体育大会が延期となり、次の大きな行事は文化祭だった。文化祭でもフウナの活躍を期待し、幾度も感想を書くことを要求したが、なかなか思うようにはいかなかった。フウナは教師から期待されることを待ち望んでいるものの、できそうにないことや乗り越えることに困難が予想されそうなことは諦めたり避ける傾向があった。結局のところ、小説『緑と赤』の感想は一度も提出できなかった。ＢＴＳファンのフウナだからこそ、『緑と赤』の世界に入り、日本が犯した侵略や植民地支配などの加害の歴史とその歴史を背負う在日コリアンが差別され続けていることについて学び、怒りを持って現状を認識してほしかった。何度も何度も電話をし、次の学習会の日程を確認しながら学ぶことを励ましたが、３年間の文化祭を通じて、最も感想を書くことができなかった。高校生活最後の夏休みにできた彼氏、そして友だちとの遊びには文化祭の学習は勝てなかったのだろうか。

3　フウナの課題の露呈

延期になっていた体育大会が秋に開催されることとなった。その体育大会に向けた応援団の取り組みのなかで、団長となったフウナの課題が露呈し、その指導は困難を極めた。

応援団の演技、ダンス自体はフウナの周りにいる同じクラスの親友(フウナの認識をひっかきまわす存在)などに相談し、早々に決めていた。私的なグループによるダンス発表会にせずに、応援団としての演技、公的な組織による活動にしようと、他クラスの副団長たちとも相談し、彼女たちに任せる部分も作りながら、フウナなりに工夫をして取り組もうと努力した部分もあった。「1、2年生の前ではニコニコする」と言って、努めて明るく振舞おうともしていた。しかし同時に、団長・副団長の会議でだらける姿や「はよおわろーや」「なんとかなるっしょ」などと少し面倒くさがったり、楽観的過ぎる態度・姿勢がみられることもあり、副団長たちの不満も募っていった。本番まで残りわずかとなった練習で、団全体の雰囲気が極端に悪くなったことがあった。フウナ自身の頭の中にある理想と目の前での演技が違っていることにこだわるあまり、副団長たちとは何も相談せず、同じ部分の練習を延々と続けてしまい、団員の士気が下がる練習となってしまった。練習後の団長・副団長会議では、一様にその日の不満が出てきた。フウナ自身も自覚していた。会議後、副団長がこれまで感じてきた不満を直接フウナに伝える場が持たれた。他クラスの副団長たちは、自分たちがいろいろと意見を言ってもフウナが受け入れてくれない、もう少し聞いてほしいし、そうでないと副団長として自分たちがいる意味がないと感じていた。その場では、副団長の言い分に素直に「わかった」とフウナは述べていた。

翌日、フウナは「もう限界」と言って、泣きながら職員室の前で私に話をしだした。副団長から色々と不満を言われたこと、副団長の意見をできる限り尊重してやってきたこと、「意見が言いづらい」とか「何をどうすればいいかがわからない」とか言うのではなく、自分から色々と気付いて動いてほしいと思っていることをフウナから聞いた。私からは、フウナはフウナなりに精一杯頑張っていると思うこと、それでも自分1人では限界があるから自分の弱いところや課題を素直に認めて、もっと副団長を頼る必要があること、もっと副団長と話をする必要があることを少し踏み込んで話した。1年次からフウナの担任だった私にとっても、この要求はハードルが高いかな、全否定されたと感じるだろうなとは思いながらも、今ここでフウナが変わっていくきっかけにしたいとの思いから、踏み込んだ要求をした。その時にはフウナはずっと泣いて鼻水をすすり、頷きながら話を聞いていた。その後、フウナは応援団の練習に出られず、別室でずっと待機していた。応援団の練習が終わり部屋へ行くと、フウナの親友がフウナと一緒にいた。フウナの顔つきが先ほどまでと変わっており、出てくる言葉もとげとげしいものだった。「あいつら（副団長）が原因つくったんや」という言葉がフウナから出てきた。私は「本当にそう思っているのか」と厳しい口調で問うた。一呼吸おいて、「言い過ぎてしまった」と返ってきた。自分（たち）に対する建設的な意見すらも、敵対的な攻撃として受け取ってしまい、その意見してきた副団長たちと対立していくというのがその構図だった。そこに、感情的に対立を煽っていったのがフウナの親友であった。「あいつら副団長っていう肩書が欲しいだけなんやろ？」と私に言ってきた。フウナも明らかに親友の認識に引きずられていた。

本番前最後の団長・副団長のミーティングにもフウナ

は顔を出せなかった。練習が終わって、「ミーティング行きたくない」と言い出したフウナと押し問答を繰り返したが、その会議にはついに出られなかった。プライドが高く、ダメな部分がある自分を素直に認められないという課題を象徴するような出来事だった。周りからの指摘や建設的批判に対しても、自分自身を全否定されていると感じてしまい、それに耐え切れないといった感情・感覚が支配してしまっていた。

批判や指摘を攻撃と捉える認識に至ってしまうには、フウナ自身が身を置くグループの影響も多大であった。そのグループは、全くと言っていいほど勉強をせず、テスト期間中も勉強などそっちのけで、教室後ろの黒板に絵を描くだけのために登校しているような生徒たちであった。敵対するグループを見つけ出し、攻撃的になることによって、身を置くグループの結束を固めているようにも映った。フウナ自身のしんどさの大きな要因の一つに、身を置く集団（関係）のしんどさがあった。同時に、フウナ自身がその集団を居場所としていたこと、根底にある寂しさを埋めてくれる関係、自分のことを否定されない関係としてそのグループをフウナが求めていたのだろうとも感じる。フウナはこの間、さまざまな面で親友を頼り、悩みごとを相談していてそこがフウナの拠り所となっていたのだろう。フウナの気持ちを汲み取りながら共に考えることができていれば何かが変わっていたのかもしれない。

4　変化・成長したダイキとフウナ

3年間かけてコツコツと充実ノートや文化祭の学習に取り組む中で変化・成長してきたダイキ。ダイキの3年間の総括の一部を引用する。

「私が中学校と比べて変わったのは、充実ノートがあったからだと感じています。最初は感想を全然書くことができず、4時間ノートとにらめっこして1行しか書けないなんていうことが何回もありました。感想を書くことはしんどくて、大変で、でもなぜか書いた後には少し達成感もあって、不思議な感覚でした。社会科の先生から、僕が書いた感想に対する返事が赤ペンでたくさん書かれているのも嬉しくて、ノートが返ってくるのが少し楽しみでした。文化祭の学習会も、私を成長させてくれたものでした。3年生で取り組んだ、在日コリアンについては、社会科の授業ともつながって、日本の加害と向き合うとても重たいテーマでした。でも、在日コリアンへの差別は現代においてもヘイトスピーチのような形で続いているし、日本人こそが向き合わなければならないし、学ばなければいけないことだと強く感じました。自分自身いじめられた経験があるので、日本の植民地支配による被害を受けた朝鮮の人びとや、差別を受け続けている在日コリアンの人たちの側に立って、この問題を何とかしたいと強く感じたのだと思います。気づいたら文化祭の当日、教室に来た他クラスの生徒に、『赤線引いた所だけでもいいから見ていって』と声をかけていました。こんなふうに自分が成長する、変わるとは思ってもみませんでした。この高校は私を変えてくれました。小学校の時にいじめられていた私は、小中学校では自分を守ることで精いっぱいで、クラスや学校全体のことを考えるなんてできませんでした。でも、この学校へきて、地道に勉強し、充実ノートに取り組み、クラス役員や生徒会の活動に私なりにまじめに取り組んできたなかで、変わることができました。」

フウナは、3年間クラスの中心として位置づけてきたが、肝心な時に学校に来ないことも多く、最も手をかけて期待したがために本当に苦労した。3年間の総括(クラスの卒業文集に掲載した文章)の中でフウナは、体育大会での応援団の取り組みについて「(団長を)もう辞めたいって投げ出しかけたし、変にプライドが高くて誰にも頼れなかった」と書いてきた。また、卒業式の日に手渡された手紙には、3年間担任をした佐伯に体育大会の時にさまざまなことを要求され、自身の課題を突き付けられて、「佐伯はそんなつもりじゃないのはわかっていたけど、自分を否定されたみたいでめちゃくちゃ悲しくて泣いた」と書かれていた。フウナが、変わりたい自分と変われない自分の狭間で揺れ、もがき、たたかっている姿がありありと浮かび上がるような手紙だった。今になって、そんなフウナに自分は寄り添えていたのだろうかと疑念がわいてきている。また、総括には、高校で学習の楽しさを発見したという記述もあった。「自分がフィールドワーク(1年時の広島や岡山ハンセン病療養所、3年時のコリアタウン)に参加するとか思ってなかったし、初めは嫌々参加していたけどそれも楽しくて、いろいろ学んで知っていくうちに楽しいって思えたから大学の学部もすぐに決められた」「自分が好きなことが何かわかった」などと、暁光での学習を通じて学ぶことの楽しさと自分の興味関心がどこにあるかを知ったと書いてきた。1学期には、進路実現という意識もあって充実ノートを特に頑張り、「充実ノートをやると現社がわかるようになった」と語っていた。

2年生の時の議案書討議（生徒の生活と要求を出し合い、1年間の生徒会方針を議論する）では、家庭環境のことを書いてきた。内容は、家は落ち着く場所ではなく居心地がよくないこと、父親のことがとてつもなく嫌いであること、その理由すら考えたくないこと、父親と母親は自分の妹が生まれたときに結婚したが、それまでは籍を入れていなかったことなどだった。フウナはそうは書いていなかったが、「自分はそれほど大事な存在ではないのか」とでも言いたげな、寂しそうな筆致だった。3年間、フウナの口から何度か、「両親の仲が悪い。別れるかもしれない」と聞いてきた。その度にフウナ自身が不安定になっていた。卒業間際の1月、「とうとう両親が離婚する。もう別の家を母親が探している」と聞いた。

フウナの課題の背景には、家庭の不安定さ、根源的な寂しさが横たわっていた。自分は本当に大事にされているのだろうか、そういう拭いがたい感覚があるからこそ誰かから大事にされたいという根源的な欲求がフウナのなかに強くあり、それが依拠する集団・関係に対する依存度を高め、固定化させ、友人への批判的な視点を持ちえずに、その質を規定してしまっていたのかもしれない。しかしながら、そのような根源的な寂しさを抱えていたからこそ、担任（私）との関係を求め、「期待してほしい」「自分を認めてほしい」という強い欲求を持ち、担任に「中学の時に学級委員してたで！やからクラス役員やろか？」みたいにアピールをしてきていたのだろう。担任は何かしら要求してきて鬱陶しいところもあるけれども、なかなかすんなりとは期待に応えられない自分のことを見捨てず、頼り、最後まで期待してくれる。だから、担任との関係を求めていたのだろう。

何度裏切られても、フウナの成長を願って要求し続けてきたのは過剰な期待だったのかもしれない。しかし、期待して関わり続けてきたからこそ、ここまでのフウナの成長（と呼べるのかどうかはわからないが）があったのではないかとも思う。

フウナとダイキに懸命に関わり続けた日々が、彼女ら彼らにとって少しでも生きる糧となっていてほしい。


（さえき　ひろのぶ）

特集1 世界と出あう★世界を変える

実践記録②

ルールメイキングによる校則改定のとりくみ

公立高校　長野仁志

1　はじめに　ルールメイキングとは

勤務校のA高校では「ルールメイキングの会」(以下RM会)による校則改定のとりくみがすすんでいる。筆者は赴任した1年目の22年度後期ころからRM会にかかわり、2年目の23年度は生徒指導主事としてRM会の議論の一翼を担った。本稿ではこのRM会のとりくみを紹介し、そこから浮かび上がる「生徒の権利・自治と教員の指導」「次の時代へ、学校がめざすべき教育と教員の仕事」について考察したい。ルールメイキングはNPO法人カタリバが主体となって全国展開している。その目的・理念は同法人のHPに詳しい。その要点は「対話を通して納得解をつくるプロセス」「校則を見直すことが目的ではなく、校則を題材に、目指したい学校づくりができるきっかけをつく」ることだという。

RM会のとりくみは校長の主導ですすんでいる。その意図は、学校目標として掲げている「主体的に考え行動できる生徒を育てる」ことにあり、その中で学校の文化、言い換えれば教員文化を相対化したいところにあるようだ。特に校則については、人権尊重の観点から「合理的な説明のできない校則は見直すべき」(この点は教委からの強い指示もある)とし、一方でこれまでのA高校の歴史的な校則の成り立ちについては理解を示されている。またRM会は生徒会主体ではなく有志によるとりくみである。はじまりは21年度に後期生徒会執行部がとった生徒アンケートで、そこには学校生活に関するさまざまな要望が寄せられたと聞く。22年度後期の「校則チーム」（他に「行事チーム」）ＲＭ会の有志は1年生の女子5名が中心だった。そこに生徒会執行部の生徒も部分的にかかわってきた。「ＲＭ会」の指導は生徒会顧問のＡ先生や1年学年主任で生徒指導部のＢ先生がかかわってこられたが、そこに筆者が加わる形ですすんでいった。また、ＲＭ会のとりくみには、カタリバとライセンス契約をして「関西カタリバ」を展開するＮＰＯ法人のＣ氏がコーディネーターとして支援に入っている。コーディネーターをいれた理由は、校長によれば、コーディネーターとしての役割のほかに、外部の視点をいれることによる「校長権力の相対化」にあるとのことだった。Ｃ氏には何度も会議に参加していただき、とりくみの進め方・論点整理などアドバイスをいただいた。

2　ＲＭ会「校則チーム」のとりくみの経過

◇アンケート調査から23年1月のプレゼンまで

22年7月の終業式後に生徒対象の校則・指導についてのアンケートが実施された。「指導を受ける生徒と指導されない生徒がいて、先生が生徒に差別的なことをしている。先生の好みや、生徒の容姿、学校での様子などの決めつけで頭髪指導をしているように見える」「メイクや頭髪は制服を着るというルールの中では唯一自分の個性を出せるところだと思うので、自由でも良いと思う」「染髪はさすがに禁止にしたほうがいいと思うが、パーマを巻くくらいは全然いいと思う。もしできなくても、文化祭や体育祭などの特別な行事はＯＫなどにしたらもっと楽しめると思う」などの多様な声が寄せられている。文化祭後、校則チームの取り組みがＣ氏も入って本格化した。「校則チーム」のオピニオンリーダーは3年生のＤくんだ。彼の活動の原点は、頭髪について指導を受けたときに感じた理不尽さ、なぜ自分が指導を受けるのか、その基準がわからなかったことにあった。ＲＭ会の3年生の生徒たちには教員の指導に対する疑念は大きかったようだ。たとえば、「男はそんな髪型はしない」といったジェンダーにまつわる不適切な指導があり、校長が「それは私から教員に指導しました」ということもあったと聞く。また、「（教師の）個人的に好みじゃないからやめてほしい」という指導を見聞きしたことがあるという声も生徒から出ていた。

Ｄくんは卒業式のころまで積極的に「校則チーム」にかか

わっていた。

◇インタビュー調査

この7月ころから私もRM会に参加した。10月には企業や大学にインタビュー調査を実施。その成果をもとに、23年1月に教員へのプレゼンテーションが行われた。生徒の読み原稿から一部紹介する。「…私たちの進学先、就職先として実績のあるO大学、P大学、Q社、R社の方々に大学や企業の方が面接時や通常時に髪型などをどのくらい重視するかということについてと、実際に写真を見て頂いてどう感じるかを質問させて頂きました。（中略）大学はどちらも、髪型や髪色についての決まりがないため高校でも自由で良いという意見でした。面接のときも、見た目で落とすことはできないため影響はないそうです。しかし、P大学の方には、面接時に髪色のことで質問された時に、面接官が納得できるような答えを出せるのかという意見をいただきました。Q社は接客業ということもあり、面接時の髪型、髪色の重要度が高く、お客さんに怖がられない、明るすぎない髪色が好ましいという意見でした。働く上でお客様は大事で奇抜な髪型や派手な格好はコミュニケーションを取るときに困る可能性があるともおっしゃっていました。A社は倉庫での作業なので働いている方で明るい髪色の人もたくさんおられるそうです。しかし面接時は極端に明るい髪色や奇抜な髪型の人はいないとおっしゃっていたので面接時は気をつける必要があると思います。意見はそれぞれ違いましたが、どの大学、企業も見た目ではなく中身のほうが重要だとおっしゃっていました。２つめに、PTA、地域の方の校則についての意見です。学校は気分よく行くべきなので、規制は不要だという意見や、くせ毛がコンプレックスの人がストレートにするのは良いのに、直毛がコンプレックスの人が巻くのはなぜダメなのかという疑問もありました。〈中略〉近隣の方々からは、良い印象は保ってほしい、自分の個性を大事にでき、自分の意見をしっかり主張できればいいと思う、という意見もありました。（中略）３つめに、12月に取った保護者の方々へのアンケートからの意見です。約50名の方々に答えていただきました。アンケートの結果より、校則を変えることに対して肯定的な意見の人は9割、校則はこのままでいいという意見の人は1割でした。このグラフからも、校則を変えることに対して賛成の意見の人がほとんどだということがわかります…」

◇23年5月の生徒総会議決まで

私は生徒指導主事に内定した12月頃から、提案する側と検討側が同じになることを避けるため、ＲＭ会と距離をおいた。一方、ＲＭ会のとりくみに生徒会執行部のかかわりは薄く、また、ＲＭ会の議論が全校生徒のものになりえていないことが気になっていた。教員からも民主的な手続きの必要性を指摘する声もあって、ＲＭ会の提案を生徒の総意とするクラス討議と生徒総会が必要ではないかと働きかけた。校長はじめ生徒会担当者は、誰も生徒総会を経験したことがなかったが、「クラス議会」と称するＨＲ討議と生徒総会までの道筋が立てられ、新年度４月にクラス議会・生徒総会が開催される運びとなった。そして、４月11日に生徒会執行部、ＲＭ会は、生徒に対して「①パーマ・巻き髪を認めてほしい②ツーブロックを認めてほしい③地毛証明は口頭のみにしてほしい」という校則改定案についてプレゼンを行った(地毛証明は「服装・頭髪登録申請」と称し、入学時に地毛の色を申告してもらい、確認の上、生徒・保護者のサインをもらうしくみ)。

このプレゼンの後、生徒指導主事の私から、生徒に対して「様々な意見を集約したうえで案をまとめ、意見表明権にもとづき案を出していて素晴らしい。一方で、自由には責任が伴う。誰かの自由が誰かの人権を損なうものになってはいけない。校則は生徒が安全・安心に過ごしてもらうためのもの。みなさんにも自分ごととしてとらえてほしい」等のコメントを行った。その後、校則改定案はクラス議会（クラス討論）・生徒議会を経て、生徒総会にかけられ、圧倒的な多数で採択された。

3　教員の議論の経過

生徒総会での議論を受けて、生徒指導部での議論が始まり、意見は百出した。「巻き髪やパーマを認めるということは、就職面接や指定校推薦などでその状態でも行ってよいと公式に言うことになる。生徒は何でもありと思うのではないか」「中学生の保護者で校風を気にしている方も多い。ヤンキーっぽい生徒やギャルっぽい生徒はいますかなどと聞かれる。保護者や地域に受け入れられている校風がどうなるか。せっかく落ち着いている校風が変わっていく変更は認めがたい」「主観や印象で生徒の自己決定権を制限することについては慎重であるべき。その合理的な理由が説明できない校則は変えるべき。生徒の自己決定権は尊重されるべきで、巻き髪やパーマでこれまでの校風が崩れるという根拠はないと生徒も指摘している」等々、教員にも多様な考え方があった。

教員の議論を深めるため、7月末にカタリバのEさんとF弁護士を招いて職員研修を実施した。Eさんからはルールメイキングがめざすもの、F弁護士からは、校則と人権の関係についてお話しいただいた。F弁護士は法教育・校則問題にも詳しく、本校のRM会の活動にも伴走してくれている。このお二人からのお話は教員にもよい学びとなった。お話の後、教員でグループ討論をした。テーマは①現行校則での教員の指導について、巻き髪や制服着こなし、装飾品などについて、実際に指導をしているのは生徒指導部を中心とした一部の教員に限定されているのではないか。その背景は何か。②A高校の校風について、これまでの教員の議論の中で、校則（指導）を変更することで「校風が悪い方向に向かうのではないか」という懸念が示されている。現在のA高校の校風とは実際、どのようなものか。A高校の校風でよいところは具体的に何か、また、私たち教員が考えるよい校風とは具体的に何か。また、その校風は何によって成り立っているのか。③生徒が求める「巻き髪を認めてほしい」について、「A高校の校風」が悪い方向に変わらないように「巻き髪」についての校則・指導（一律禁止・現認したら指摘・指導）を変更することは可能か。可能な理由、可能でない理由を明確にしつつ検討する。

グループワークで議論をしたが、まとめの発言を一部紹介する。「校風が決まらないと指導しにくい。教員が求めている校風は落ち着いた環境。その中で生徒はどう育つか。主体的な生徒を育てるというのもわかる。A高校の生徒に比べて、服装は派手だが楽しそうな他校の生徒をみているとどう両立させるか」「A高校は落ち着いた学校であり、生徒にとって安全安心は保たれている。われわれが考える落ち着いた校風をつくるためにこれまでやってきた。今の校風に加えて主体性を育てる。主体性が育つのも今の校風ではないか」「主体性は表面で評価できるものではないのでは。校則内でちゃんと活動できているのはよい校風ではないか。生徒は本音と建て前を使い分けられている。よい校風は学力によってなりたっている」「頭髪の基準設定が可能かどうか。基準があればOK。派手と思わない程度なら」「コテ2回、3回までなど。校風が悪くならないための基準作りがカギ」

まとめを受けてF弁護士は次のように述べている。「みなさんに共通するのは、明確性がキーワード。ルールが明確かどうか。不明確だと指導しにくい。基準の明確性の課題は校則では難しい。法律では、ルールは明確でないといけないが、校則は抽象的なほうがよいこともある」この研修では教員にも改めて多様な意見があることが浮き彫りになり、それが出し合えたこと、子どもの権利条約や人権・校則について幅広く教員が学べたことは有意義であった。

4　RM会以外の生徒はどのように考えているか…

RM会の生徒の活動の一方で、生徒全体に議論が広がっているとは言えず、意見集約も十分ではなかった。そこで、7月20日には教員と一般生徒の意見交換会(クラブ生徒を中心に20名ほどが参加)を実施し、校則について生徒の多様な考え方が示された。「髪型で学校の雰囲気が変わるわけではない」「髪型は自由がいい」「髪型と進学実績は関係ない」「パンチパーマ気にならない」「どんな髪型でも気にはならないけど学校の評価がとなると今のままでもいいと思う」「行事ではぜひやりたい巻き髪」「かわいいから時代に合う髪型にしたい」「校則はよい学校生活を送るルール」「学校を安全・安心に過ごすためのルール」…。当初は自由に発言していたが、教員との対話になると教員の立場からの意見も素直に受け止める生徒たちであった。生徒が本校を選んだ基準は自分の学力や通える距離かどうか等で、校則が重要ということもないようだ。校則を変えることに積極的な生徒、消極的な生徒、よくわかっていない生徒、さまざまである。しかし、対話を重ねることで多くの学びを得られる生徒たちであることは間違いない。

5　校則改定

◇10月、私は20頁余の「議論のまとめ」を職員に提示し、その中で次の私的見解を示した。①生徒を権利主体ととらえること。生徒の意見表明を保障して学校づくりに反映させていくことは、主体性・市民性の涵養などの点から重要なことであり、教科教育・特別活動等いろんな場面を通じて実践していく必要がある。②生徒の自由は可能な限り尊重し、制限する場合は合理的な理由、生徒が納得できる理由を明示すること。また権利(自由)と責任の観点から主体的な判断ができるよう指導することが必要である。③生徒を発達途上ではあるが自立した個人ととらえ、頭ごなしではない生徒の価値観を揺さぶる応答的な指導が必要である。④校則について、全体を指導する中で不利益を被っている生徒がいないか検証すること、「マジョリティがルールを決めている」という視点は重要である。⑤教員の指導の不一致がしばしば指摘される。教員の価値観も多様であり、指導の得手不得手の課題もある。その指導でどのような教育的効果が得られるか。目標に照らした議論を重ね、互いに補い合いながら、「やる教師」「やらない教師」論に陥らず、組織的にすすめることが重要である。⑥めざすべき学校像・生徒像についても考え方は多様である。教師の専門性にたった丁寧な議論・合意と教員全体での検討が必要である。⑦生徒（保護者）の中にも多様な価値観がある。さまざまなことに関心を寄せ、当事者性をもって主体的に考えることができるよう、さまざまな知見を紹介しつつ議論させ、学ばせること。また、多数派の意見を少数派に押し付けることのないような丁寧な議論が必要である。⑧生徒会などと定期的な生徒と対話・意見交換ができる仕組みがあれば相互の信頼関係は深まりやすい。

◇回答案の作成

生徒指導部では校長も参加して回答作成の議論を行い、パーマは認めないが、巻き髪は過度にならない程度で認めることに落ち着いた。パーマは基準設定が難しく、生徒の中にも「落ち着いた学校でなくなるのではないか。派手すぎるのは怖いなど」などの意見もあったことから見送った。巻き髪については、その「過度」が問題であった。私がネットで巻き髪の髪型サンプルを集めて議論したが、教員によって許容範囲はさまざまであった。巻き髪は女子生徒が中心なので、女性の先生３人に生徒に示す基準作成をお願いした。最終的に回答文案は私が作成し、校則については次のように改定した。

「頭髪は生来の状態を保つこと。パーマ（ネント）、染髪、脱色、過度な刈り上げ・過度な巻き髪等は禁止する。学校内での電気器具等を用いた整髪行為は禁止する。式典での巻き髪も禁止とする。」ツーブロックについては、もともと禁止というわけではないが、①他の生徒の不安感②中学生が進学したい学校であり続けること③地域の方から愛される学校という観点から「過度である」と判断した場合は、改善を求める。地毛の登録申請は、生徒の要望どおりとした。12月の終業式で全校生徒に私からスライドを示しながら回答した。

6　成果と課題

　社会の変化の中で、学校は旧来の文化を相対化して時代にふさわしい姿に変化していくことが求められている。RM会の生徒は、「巻き髪は一部ということですが、前から巻いていた人もいたので以前とさほど変わらないという印象で不満です」「自分は校則を変えたいという考えのみでRM会に入ったけれど、どうして校則が必要なのか知れてよかったです」「すべてがOKになってしまうと気が緩くなったりするかもだからはじめはこの程度で良いと思う」「いろんな友だちと話せた。その中でも自分が知らなかったことや、新たに学べたこともあってよい経験になった。プレゼンや会議など、自らがんばってきて自分でも学校に対しての見方が変わったし、今後、勉強や社会に出ても第三者の目線で考えてみたり、自ら行動したいと思った」「(学校は)校則を見直したいという生徒がいることで、少しでも良い方向に変ると思う。生徒の意見をもとに先生も理解してくれたし、ちゃんと(校則を)見直せたと思う」と書き、また、私の問いに学校は良い方向に変わったと答え、学校の回答を、自分の意見をもって受け止めている。そして自分の行動を肯定的にとらえている。今後の勉強や社会に出てからの生き方についても考えていることも主体性の獲得という意味で重要であろう。現在、RM会は、生徒会執行部や新たなメンバーで新たにテーマを設け、第2期の活動に入っている。校則が変わったことで、生徒にもRMの活動の意義が広がり、担い手も広がりつつある。「言っても無駄」から「言っても大丈夫。変わるかもしれない」という期待が広がったと言えるだろう。

　今後の課題として、継続的にRM会を支える校内体制をどうつくるか。今のRM会は有志主体なので、伴走する教員（校長・有志教員）の立ち位置は微妙である。また、生徒全体の議論を深めて主体性・当事者性を育てていく場面・時間をどうつくっていくかも重要である。定例の三者協議会の形式も考えられる。権利と自治ある学校づくりは緒についたばかりである。

（ながの　ひとし）

実践記録③

「公共」における主権者教育の試み

ー社会参画を奨励する枠組みづくりを通じてー

同志社中学校・高等学校　井出教子

1　「公共」で社会参画の機会をどのように設けるか

若者の政治参加が盛んなスウェーデンの主権者教育に詳しい両角達平氏の著書『若者からはじまる民主主義』(1)によれば、スウェーデンでは学校だけでなく社会全体で、若者に社会参画の経験をする機会が積極的に提供されているという。その目的は、自分は社会を変えられる存在である、と若者に認識させることにあるそうだ。

同様に、イギリスのシチズンシップ教育や、シチズンシップという概念の思想的背景を見ても(2)、社会参画の経験は主権者教育の重要な構成要素とされている。しかし、「公共」で、どのように社会参画の経験を取り入れることが可能か、カリキュラムを組み立てる際に頭を悩ませた。

私の勤務校では1クラスの人数がおよそ45名。学年のクラス数は8クラスで、それを2名の教員で担当している。クラス全員に授業時間を利用して社会参画の機会を設ける、というのは困難に思えた。そこで思いついたのが、有志による「プロジェクト企画」の募集である。

まず、新学期最初の授業で、評価の付け方について次のように説明した。(実際の授業では○、△、□に数字を入れて説明)

①定期試験（○%）
②授業内課題（△%）
③選択課題（□%）

A．新聞切り抜きレポート
B．読書感想レポート
（→政治・経済・社会問題に関わるテーマ）
C．プロジェクト企画の実施
①取り組んでみたい企画の原案を考え、別添の「プロジェクト企画用紙」に記入・提出する
②選考を通った企画を6月に実施する
（企画が通らなかった場合は、上記A、Bのどちらかに取り組んでください。）

そして、A、B、Cの選択課題はAなら6本、Bなら3本を提出、Cなら1企画を実施すれば良いことを伝えた。また、プロジェクト企画の内容はSDGs達成に貢献できる内容のものと限定し、応募者以外の生徒が参加可能な企画にすることを条件とした。

企画書は次のような項目で作成するよう依頼した。

1．活動のタイトル
2．活動内容の概要
3．活動の実施計画
4．企画メンバーのクラス、氏名、メールアドレス（クラスを超えてチームを組むこともよしとした。実際に他クラスの生徒とチームを組んで取り組む生徒が多かった。）
5．開催を希望する日時、場所、予想される経費（費用は基本的に自己負担としたが、講演者への謝礼が必要な場合と、Zoom利用の際の通信費は社会科および学校の予算から拠出した。謝礼は学校指定の金額を伝えた。）

プロジェクト企画を実施した生徒にはそれぞれ、終了後に、実施した内容と活動して学んだことや考えたことをまとめた「活動報告書」（A3 1枚程度）を提出してもらった。

2　1学期に実施されたプロジェクト企画

AやBの課題に比べ、Cの「プロジェクト」というのは、具体的にどのような企画があてはまるのか生徒たちにはイメージがつきにくいだろうと予想したので、授業では次のような企画の例をいくつか紹介した。

●企画例●「コリアンタウンに行ってみよう！」

→大阪府生野区にあるコリアンタウンを訪問し、現地で活動するNPOのスタッフの方へのインタビューを通じて多文化共生社会の実現に向けての課題を考える。

その結果、5月1週目の締め切りまでに、20以上のチーム（メンバーは1名～4名）から企画書が提出された。内容は、子ども食堂への訪問、鴨川のゴミ拾い、波力発電を知る講演会の実施、古着リサイクルの実施など多岐にわたっていた。SGDs達成に貢献できる内容、というのがうまく伝わったか心配していたが、「公共」の教科書や資料集に掲載されたアイコンを見て、生徒たちはそれぞれに関連する企画を考えてきていた。中学校の公民で学んだ生徒も多い様子で、SGDsという考え方が若い世代には浸透していることが伝わってきた。

「公共」を担当する教員2名で選考した結果、実施に至ったプロジェクト企画が次ページの【表1】である。企画①～⑨のうち、②・⑤・⑦は外部から講師を招いての講演会、その他は生徒による講義を含む勉強会だった。また、⑩～⑬は学校全体にリサイクルや募集をよびかける内容だった。

ちなみに、外部講師をお願いする際には、事前に学校の許可を得た上で、一定金額の謝礼の範囲で来てくださる方のみ、という制限がある。このため、かなり計画的に企画内容の決定から講師方の選定、日程の確定や費用の交渉を進めないと、なかなか実施には至らないというのがここまでの実感である。生徒たちも、自分の提出した企画書の選考が終了してから日程の交渉に入り、数週間のうちに実施をしなければならないため、かなり大変そうだった。教員にとっても生徒にとっても無理のないスケジュールをどう組むかは今後の課題である。なお、【表1】の②・⑤・⑦には、〝詳細は下記〟として講演者の氏名、プロフィール、講演の内容を示した。

企画の実施日時、場所を決定したのち、各学年の掲示板にそれぞれの企画のポスターを貼り出し、参加を呼びかけた。ポスターは企画した生徒たち自身が作成した。計13枚のポスターが各学年の掲示板に貼り出されたので、見た目にもインパクトがあった。

講演会や勉強会は1時間から1時間半を予定するものが多かった。参加希望者はポスターに表示されたQRコードを読み取り、事前に参加登録をする仕組みとした。事前にどれくらいの参加者がいるか、企画者が把握できるようにするためである。また、社会科の同僚たちの協力を

表1

【各プロジェクト企画の内容】　＊時間と場所は頁カレンダー参照

企画テーマ	内容	企画テーマ	内容
①子ども食堂	子どもの貧困とその対策としての「子ども食堂」について学ぶ勉強会	⑧手話	手話を学びながら、障がい者がより生きやすい平等な社会の実現について考える勉強会
②食の多様性	健康にも環境にも良い食材を開発する(株)コッチラボさんによる講演会(詳細は下記)	⑨シリア内戦	２０１１年に発生し，今も続くシリア内戦について，その現状や解決策を考える勉強会
③政治と選挙	高校生の政治への関心を高めるための勉強会	↓★リサイクル･募集系の企画★↓	
④人権と賃金	同志社中学と合同で開催する勉強会。世界各地域の賃金と人権保障の問題について学びます	⑩歯ブラシのリサイクル	ライオンが主催する”使用済み歯ブラシを回収･リサイクルし、新しいプラスチック製品に生まれ変わらせるプログラム”に参加します！
⑤世界の貧困	『本当の貧困の話をしよう』の著者･石井光太さんを招いての講演会(詳細は下記)	⑪古着のリサイクル	同志社大学の学生団体”GC Bridge”と協力し、古着の回収･リサイクルを実施します！捨てるのはもったいないけどもう着ない，そんな古着があったら是非回収箱へ！
⑥LGBTQ	LGBTQについて理解を深める勉強会	⑫文房具のリサイクル	使用済みだけどまだ使用できる、新品だけど使わない、そんな文房具の回収を呼びかけ、ECO Tradingへ寄付するプロジェクトです。
⑦環境に優しいエネルギー	アヒル発電開発者・中山さんによる講演会(詳細は下記)	⑬ベルマーク回収	集めたベルマークは財団に送り、返戻金で教育が行き届いていない地域の子どもを支援します。

得て、全学年の授業でも参加を呼びかけてもらった。加えて、「企画の参加者には、所定の用紙一枚に感想を書いて提出することで新聞切り抜きレポート（前出選択課題Aを指す）一回分の点数を進呈することにする」と提案したところ、各企画には予想を超える参加希望者が集まった（各勉強会には20～45名ほど、講演会にはそれぞれ20～200名ほどの参加があった。他学年は評価と関連させる科目も、そうでない科目もあったが、参加生徒を見ると、評価と関連させる科目を履修する生徒がほとんどを占めていた）。

企画の実施にあたっては、プロジェクターの準備や調理室の使用（食の多様性の企画では、講演ののち、大豆ミートを使ったハンバーガー作りを行った）など、教員が必要とされる点のみ私かもう一人の担当者が担い、広報活動や参加者への連絡などは基本的に生徒主体で行ってもらった。依頼した講演者や、訪問を予定している学外団体とのやりとり、当日の司会進行も、基本的には生徒たちに任せた。その中で生徒たちが判断に迷うことがあったり、メールの内容や進行の方法へのアドバイスを必要とすることがあったりする場合は、教員が助言することもあった。

3 「プロジェクト企画」を実施した生徒の報告書より

① 「子ども食堂」を企画した生徒の感想

私たちははじめ子ども食堂にボランティア活動をしに行く予定でした。まず社会科の○○先生が子ども食堂の活動に関わっているということを知り、先生にAさんという方を紹介していただきました(この生徒は、別の社会科の選択授業を担当する教員が子ども食堂に関わっているという話を偶然聞いたようである。筆者注)。その後ZoomでAさんと子ども食堂訪問について打ち合わせを行うと、Aさんは「高校生には〝子ども〟として来てほしい」とおっしゃいました。私たちはそこで、自分達の考えが浅かったことに気がつきました。写真を撮らせてほしいとか、インタビューをしたいとか勝手に思っていましたが、自分が子ども食堂にいつも行っている身とすれば、全然知らない高校生にそんなことをされたら嫌な気分になってしまうし、自分達の考えが「プロジェクトを達成する」という目標だけに突っ走って、甘すぎる考えをしているんだなと痛感しました。また、私たちは子ども食堂を勝手に貧困家庭の子どもが来る場所と考えていましたが、Aさんの話を伺って、子ども食堂は地域のコミュニティであることに気付かされました。そこでまず私たちは教室で勉強会を行い、その後希望者を募って、子ども食堂に伺いました。(後略)

③ 「政治と選挙」を企画した生徒の感想

選挙が行われる度に、投票率が低下しているとの報道がなされ、もはや投票率の低い状態が続くのが当たり前のようになってしまった。個人的に、18になったら投票に行く気満々なので、なぜこんなにも多くの人が投票に行かないのか、そして、具体的にどのような対策をすればこの現状を変えられるのかがわからず、ただ頭を悩ませる他になかった。そこで、この機会を活かして、特に若年層の政治への関心を高めるためにはどのようにすれば良いのかを考える会を行い、具体的な解決策を考えてもらうことにした。勉強会では議論の導入として日本の民主主義の歴史や、他国の投票率向上のための事例を解説し、その後班に分かれて議論を行った。(中略)これからも民主主義政治の根本である選挙について考え続け、様々な人々と議論を行いたい。

⑤「世界の貧困」を企画した生徒の感想

私は貧困問題に昔から興味があり、貧困による世界の悲惨な状況を変えたいと思ってきました。そんな中で石井光太さんの本に出会い、貧困についてもっと「知る」、「知らせる」ことが大切だと気付かされました。そこで、「知らせる」ために講演会を企画しようと考えました。いざ活動を始めるとわからないことだらけでとても苦労しました。まず、依頼メールを送るのも、送り方、失礼のない言葉遣い、伝えるべきことを考えるのが大変でした。ダメもとで石井さんに講演を依頼するメールを送りましたが、まさかのOKをいただいた時の嬉しさは忘れられないものとなっています。（中略）参加者は30名集めることを目標にしていましたが、80人も集まりました。とても嬉しかったけれど、当日は緊張して、言いたかったはずの言葉もたくさん飛んでしまって悔しかったです。(3)

4 企画に参加した生徒の感想より（抜粋）

①「子ども食堂」に参加した生徒の感想

私がこのプロジェクトで学んだことは、他世代との交流の大切さだ。私はこれまで「子ども食堂」とは親が忙しかったりするため、孤食になってしまったり、貧困のためにご飯を食べられない子供が通う場所だと思っていた。しかし、今回このプロジェクトに参加して、大きく考え方が変わった。まず一つ目に、子ども食堂はただ食事を提供する場所でないことを知った。実際に訪れてみて、人と人との交流が盛んに行われていることに感動した。（中略）食後に、その場にいたいろんな人とカードゲームで遊んだり、お話をしたりするのがとても楽しかった。普段の学校、部活、SNSでのやりとりのように忙しくなく、息苦しい生活から解放され、とても穏やかなのんびりとした時間を過ごすことができ、心が洗浄された様な気分になった。（中略）子ども食堂は、食事だけでなく、居場所づくりや様々な人と交流し、成長してくためにも必要なものだと思う。だからこれから子ども食堂の様な場がどんどん知られて、広まっていけばいいなと思う。（2年生）

③「政治と選挙」に参加した生徒の感想

私は4月に選挙権を取得し、選挙に行った際に色々な政党や立候補者について調べ、今とても興味を持っているので今回この企画に参加しました。参加して学び、考えたことは二つあります。一つ目は、選挙の仕方、体制は一つではないということです。シンガポールでは選挙が義務化されており、選挙に行かなければ除名されてしまう制度があると知り、とても驚きました。（中略）二つ目は若者の政治への興味・関心が低下しているのではなく、明治以降続いている今の選挙体制が投票率低下を招いているのではないかとディスカッションを通して気がついたことです。なぜなら、このプロジェクトでは、ほとんどの生徒が初対面の人と今の選挙や政治について深く語り合っていたのを目の当たりにしたからです。どうしたら投票率を上げられるのか、解決策や改善策のメリット・デメリットを真剣に考える様子を見て、若者の投票率が低いのは政治への関心が低いからだと一概に言うべきではないと感じました。（後略）（３年生）

⑥「ＬＧＢＴＱ」に参加した生徒の感想

私はこの企画を通じて考えさせられたことがたくさんありました。一つ目は、ＬＧＢＴ法案(4)のような考え方に自分がなってしまっていたことです。ＬＧＢＴ法は、ＬＧＢＴの人を差別しないように、という法案であり、一見良いことをしてそうに思えるけど、この企画に参加したことで、その考え自体がそもそもおかしいのではないかと思うようになりました。ＬＧＢＴは特別なものではないのに、どうしてそのような法案を作るのか。それは、私たちがＬＧＢＴＱ＋の人たちのことを理解しているつもりだが、そのことがどこか特別なことで、「普通とは違う」と考えてしまっているからだと思います。その考えから変えていかなければ、私たちは無意識に彼らを傷つけ続けるだろうと思います。（中略）二つ目は一人一人顔や性格が違うように、性別も全員違うということです。（中略）講演の中で答えたクイズから、自分が見ている自分と、友達が見る自分のイメージとにも差があることがわかり、とても面白かったです。企画に参加する前とは性別に対する考え方が一気に変わり、この企画に参加できて本当に良かったと思いました。（２年生）

5　生徒の問題意識を生かす仕組みを作る大切さ

前出の生徒たちの感想のうち、まず企画者の感想を読んでわかったのは、今回の「プロジェクト企画」が彼らの問題意識を表明する場として機能していたということである。また、①の「子ども食堂」に関する勉強会を企画した生徒は、企画を進める中で新たな気づきを得て、その問題意識を変容させていったことがわかる。

次に、企画に参加した生徒たちの感想からは、企画者の問題意識の発露に触れて、参加者たちも問題意識を持ったり、新たな気づきを得たりした様子がうかがえる。そのことが、参加生徒の行動にも影響を与えた例が「子ども食堂」への訪問で、1学期のプロジェクト企画（勉強会と一度の現地訪問）が終わった後も、2学期に希望する生徒たちが3回ほど子ども食堂を訪れているらしい。その都度異なる生徒が加わって参加しているということで、もちろんそれを主導しているのも生徒である。

今回、プロジェクト企画者たちの行動は、確かに参加した生徒の意識に影響を与え、その行動にも変化をもたらした。また、企画に参加した生徒からは、「プロジェクトに参加したことがきっかけで仲良くなった」「今まで話したことがなかったけど、社会問題など深い話もできる人だと知って、話をするようになった」という声も聞いている。社会を変えるというほど大きなことではなかったかもしれないが、当初私が考えていた以上にプロジェクトのインパクトは大きかったようである。また、今回の実践を通じて、生徒たちの中には様々な問題意識があり、社会的な問題について考えてみたいという意欲があることも感じ取れた。教員として、普段の授業では、つい知識を教えることに力を注いでしまいがちだが、生徒の問題意識を表明する場をつくること、それに寄り添って支援することも、主権者を育てる上で意義のある教育活動になり得ることを実感している。

（いで　のりこ）

［注］
（1）両角達平『若者からはじまる民主主義』萌文社　2021年
（2）梅澤佑介『市民の義務としての〈反乱〉』慶應義塾大学出版会　2020年
（3）この生徒は高校3年生。高3必修「政治・経済」も同時に担当していたため、担当するクラスで「公共」と同様の企画募集を行なった。
（4）LGBT理解増進法のこと。企画者たちが法案について紹介し、その内容について参加者と共に検討した。他にも、この企画では、参加者がジェンダー座標テストを体験し、自分自身にも男性的な部分や女性的な部分が混在しているとの気づきを得ていた。

特集1

世界と出あう★世界を変える

実践記録④

新しい景色が見えた文化祭

公立特別支援学校　河上　馨

本実践は、とある公立の知的障害特別支援学校高等部2年生での、文化祭学習発表における実践である。前年度に高校3年生の卒業を見届けた私は、新2年生の担任となった。本実践の学年の生徒たちは、ここ数年の中でも特に強度行動障害による他害行為や情緒が安定しない生徒が圧倒的に多く、学校の中でも「特に大変な学年」「あの学年だけは担当したくない」と言われてしまうほどだった。未だに一列で移動することを練習中なほどである。が、そのような学年の実態のなかでも、文化祭を通して生徒たちの底力や成長を感じられることができた。そして、確かに文化祭での経験が生徒たちの生きる力につながっていると感じている。

1　何かに「夢中」になるために

特別支援学校での文化祭は、学年集団による演劇発表をすることが多い。本校も、毎年、学年集団による演劇発表を1月末に行っており、多数の保護者が来校する。前年度の文化祭までは、「走れメロス」「銀河鉄道の夜」「泣いた赤鬼」などの既存の物語劇の他、授業で行った楽器演奏や詩の朗読などを随所に散りばめたオリジナル劇の演劇発表が行われてきた。本校に赴任してから3年目。私は2年間、演劇好きなO先生のサポート的立場をしてきた。生徒たちが緊張やプレッシャーとも向き合いながら夢中になって演劇に取り組む様子から、知的障害のある生徒と演劇は親和性があると感じるようになっていた。国語科の授業で物語文を読むよりも、役を演じ、物語に入り込むことで、生徒たちも登場人物の心情や立場、テーマを感じ取り自分なりに考え、演技に熱がこもり全身で同化していくことができている感覚があった。

しかし、年度当初の職員連絡会にて、校長から「今年度の文化祭は、『純粋な演劇発表』ではなく『学習発表』の場とするように」、と方針が打ち出された。理由は、近年の本校生徒の障害の中・重度化に拍車がかかっている状況の中で純粋な演劇発表が困難なこと、教員の負担軽減のためとのことだった。これまでの文化祭とは方針が転換され、教員からは戸惑いの声が数多く挙がっていた。同じ頃に、学年主任から、「学年の文化祭の学習発表会チーフをやってみないか」と提案をされた。方針が転換され、「特に大変な学年」の初めての生徒たちと初めての学年団の中で文化祭チーフをすることに不安もたくさんあったが、演劇に大きな魅力を感じていた私は、二つ返事で引き受けた。

とはいえ、今年度はどのように文化祭の発表を行えばいいのか？　普段の学習は、習熟度別に1から6グループの小集団に分かれて構成されている。純粋な学習発表の場とすると、その学習グループで行った活動、例えば楽器演奏や体育のダンスなどを淡々と発表していくだけの活動になってしまうと思った。確かに舞台発表への準備の負担は教員も生徒も少なくはなるが、それだけではあまり感動がなく得られるものがないのでは…、と思った。生徒たちにとって、学校生活の中で何かに本気で夢中になって取り組む経験がいかに大切か、生徒たちがいかに夢中になって取り組める経験を欲しているかを、私は以前担任していた「タクミ」という生徒への実践の失敗から切実に感じていた（詳細は本誌216号掲載）。ただでさえ行事が縮小化されていくなかで、文化祭は最後の砦だと思っていた。同時に、生徒たちが本気で取り組むためには、サポートする教員集団も本気になって取り組む必要があると感じていた。本気は伝染し合うという信念を、O先生の演劇指導から学んでいた。

校長の方針転換は打ち出されたが、私はうまく抜け道を作って限りなく演劇に近い学習発表会が作れると思っていた（演劇のなかに学習発表を入れ込む形式とした）。ただ、校長の言う「学習発表会」が曖昧なので、学年団の共通認識をそろえるのに最初は苦労すると思った。学年会では学年主任が「今年度の文化祭はどうすればいいんですかね」と困った様子で話題提供していた。年度当初、学年団の空気は固く、意見を言う人はかなり限られていた。私は夏休み前には学年会に脚本を提示したいと思っていた。学年の文化祭担当は、私と2年目のS先生、他校から異動してきたA先生の3人だった。私はこの3人でまずは作戦会議をすることにした。

6月の最初の作戦会議で、私は文化祭をただのグループ別に発表するだけの会では終わらせたくないことを話した。同時に、この学年で初めてのチーフをすることの不安も話した。幸い、S先生もA先生も同じ気持ちでいた。S先生はこの学年のことをよく知っていて、生徒の特性や、昨年度はどんな配慮が必要だったかを熟知していた。S先生は、この学年の昨年度の文化祭は教員がみんなバラバラだったこと、不安感の強い学年主任をどう攻略するかがこの学年でうまくいかせるコツだと教えてくれた。A先生は、演劇指導が好きな先生で、色々な知恵を持っていた。私の最初書いた脚本を、よりコミカルに豊かに演出してくれた。発表は1月末。1学期の生徒たちの様子を見ながら、私自身も、誰がどんなことが得意で好きで苦手かが、少しずつ分かってきた。それとともに、この学年での演劇のテーマが少しずつイメージできた。夏休み前にはなんとか脚本を完成させることができた。生徒たちの心に残っていくテーマがほしいと思った。「いまを大切にして夢中になって日々を過ごしてほしい。それが学校の宝なんだよ」というメッセージと、高校2年生、17歳にちなんで、「青春」をテーマにした。チーム構成と配役については、ちょっとした立ち話で学年の教員の意見を聞きつつ、S先生とA先生と相談しながら原案を完成させた。

2　学年団教員との出会い直し

夏休み前の学年会で、発表内容の概要と脚本と、生徒の配役、教員の役割分担、進行のスケジュールの案を出した。以下は、学年会資料の一部引用である。

舞台は○○特別支援学校。2年生の生徒が今日も和やかに授業を行っていると、突然〝怪盗X〟が現れる。びっくりする生徒たち。怪盗Xは、「この学校にある、ものすごいお宝を盗みにきた」という。それから音楽、体育、国語など、あらゆる授業に怪盗Xが現れるようになり、生徒たちと様々にやり取りを行う。少しずつ生徒たちとの活動に引き込まれていく怪盗Xは、実は「ものすごいお宝」が、皆と夢中になっているこの瞬間の「青春」だったのだと、最後に気付く。

資料を読み、学年主任が表情をやや曇らせながら言った。「学習発表会って言ってたけど、これだと昨年度と変わらなくない？　教員の負担軽減って言ってなかった？」「純粋な学習グループごとの発表だと、明らかにグループごとの実態の差がついてしまいますし、それでは面白くないと思います。これまでと同じく特別活動の時間でグループを超えた練習時間も確保できますし、体育館での練習時間も教務から確保されていますし、生徒たちもただの学習発表では面白くない、保護者が見た時にも、感動しないと思います。私はこれでいきたいです」と伝えた。「まぁ、確かに、学習グループごとだと、見栄え的にも微妙だよね…。他の学年との兼ね合いもあるしね…。じゃ、これでいってみますか」と、あまり乗り気でない学年主任も承諾してくれた。私からは、初めての文化祭チーフでこの学年の生徒のことはまだまだ分からないので、遠慮なく意見をください、と呼びかけた。「この生徒とこの生徒の組み合わせはまずい」「この生徒は脚が悪いからこの役は危ない」などと昨年度から生徒たちを知っている教員からさっそく意見が出た。学年の発表形態が定まったものの、担当以外の教員の反応はまだ薄く、実際はどんなことを思い感じているのか分からなかった。結局例年と変わらない感じであまり負担も変わらないし、学年の先生たちに悪かったかな…という罪悪感が自分の中に残った（最終的には、学年団も一つになった結束感と達成感があり、この罪悪感はなくなった）。

10月初旬、文化祭オリエンテーションがあった。ここでいかに生徒を惹きつけられるかが勝負だと思った。生徒を物語に引き込む上でも、学年団の教員を巻き込んでいく上でも有効だと思い、事前に学年会で依頼し、教員朗読劇を行った。教員朗読劇は生徒に好評だった。「怪盗Xが探していたお宝とは、結局なんでしたか？」と問いかけると、「青春!!」と多くの生徒たちから返事が聞こえ、安心した。学年団の教員も、楽しみながら行ってくれた感覚があった。その後、物語の説明と配役は、パワーポイント資料でイラスト付きで説明した。「生徒の掴み、いい感じでしたね!!」とA先生が励ましてくれた。幸先よくスタートしたかと思ったが、あるチームのチーフを任せた学年主任が、「このチーム、このメンバーでどうやってやるんだよ～」と乗り気でない様子だった。

チームごとの練習がスタートしていったが、この学年主任のチームは苦戦している様子だった。「チームメンバー変えませんか？」とも学年主任から提案されたが、私はもう練習をスタートしていて生徒も混乱するからしたくないと突っぱねた。学年主任の煮え切らない様子に、私は苛立ち始めていた。S先生が、「いっそ学年で飲み会をしませんか？」と提案した。11月、学年で初めて飲み会を開催した。私は最初、乗り気でなかった。学年主任と共に、もう一人苦手なR先生がいたからだった。R先生とは、それまでは必要最低限の会話しかしないようにしていた。でも、この飲み会がとても良かった。やや険悪なムードになっていた学年主任ともじっくり話せたし、R先生とも距離が縮まった。「R先生が授業で作ったクリスマスリース、すっごく素敵ですよね」「本当?・ありがとう。あげるよ」飲み会でのその会話から、R先生の態度が一気に柔らかくなった。その後、R先生は何かと舞台のことを気にかけてくれるようになり、美術で作成した舞台背景を設置する際も、私も新任の美術のY先生も戸惑っていたなか、「こうしたらどう？」などアドバイスをくれた。美術のY先生にとっても、R先生は苦手だったようで、新任で舞台背景の作成など大変ななか、この飲み会があって良かったと語っていた。学年団の雰囲気も少しずつほぐれ、学年主任も乗り気になってきて「こうしてみたよ」と小道具などを作成して見せてくれた。12月中旬、体育館での全体練習が始まった。私は先生たちがどう動けばいいかすぐに分かるように毎回学習指導案と舞台分担表を作成した。職員室で舞台分担表を一人一人配りながら、「ここをお願いします」と説明しながらまわった。舞台上では様々な人や物が動く。生徒が演技に集中するためには、教員団がいかに連携して動くかが重要である。誰がどのタイミングで、どこから動くか、物をどう動かすか、教員がどのように動いてサポートするか、より分かりやすい資料が必要と考え、冬休み中には、視覚的に整理した場面ごとの舞台配置図の資料も作成した。

3　本気が伝播していく

本番まで3週間を切った年明け、ここから体育館での全体練習が続き、学校も文化祭モードとなった。学年の廊下には「青春」の書き初めが並んだ。学年会では、新たに舞台配置図の資料を提示して、「さらに良いものにしていきたいので、気づいたことがあれば教えてほしい」と改めて依頼した。全体練習を行うごとに、色々な先生から「ここはこうした方がいい」と提案があり、ありがたかった。

普段は冷め気味なU先生からも色々な提案があり、意外だったがうれしく思った。N先生からは、学年会に舞台配置図の資料を出した1回目の練習の放課後、生徒の出ハケについて大幅な改善案が出された。冬休み中に必死に資料を作成した私はその瞬間、職員室で涙が止まらなくなってしまった。N先生は「もう充分分かりやすく資料を作ってくれたから、資料の方は変えなくていい」と何度も言ってくれたが、完璧なものを提示できなかった悔しさと、「もっと早く言ってくれればよかったのに」という思いから、職員室でどうしても涙が止まらなくなってしまった。止まらない涙を時折抑えながら誰にも気づかれないように仕事をしていたつもりだったが、学年団の教員は気付いたようで、何人かが声をかけ励ましてくれた。N先生は、「絶対私のせいだ。ごめんなさい」と申し訳なさそうだった(N先生の改善案は、合理的で良い提案だった。後日、泣いてしまったことを詫びるとともに、感謝を伝えた)。その日は2回目の学年団の飲み会があり、私は予定があり欠席したが、飲み会の場では「それだけ本気で取り組んでいるってことだよね」と話題になったようだった。M先生からは、「あの資料とあの涙で皆本気になりましたよ」と後日言われた。

体育館練習では、大道具等の準備や片付けもなるべく生徒に頼むようにした。教員が全てお膳立てするのではなく、準備や片付けも含めて自分たちが行うという自負をもってもらいたかった。片付けにははじめは慣れなかった生徒たちも次第に慣れていき、声を掛け合ってキビキビと動いていた。本番が近づき、生徒たちの演技にもさらに熱が入っていった。怪盗X役の裕史が、「怪盗Xの誇りにかけて頑張る」とはりきって道具の準備をしながら話していた。裕史は1年生の頃は不登校気味で自信がなさそうな生徒だった。生徒たちにも、「より良いものを作り上げるために、気づいたことがあれば教えてほしい」と全体打合せで訴えた。同じく不登校気味の壮真からは、リレー書道(複数名で1画ずつ書き上げていく書道)で書いた「青春」のボードをフィナーレで生徒が持って見せた方がいいという提案があった。冬美からは、フィナーレの立ち位置について背の高い人と低い人を交換し

た方がいいという提案があった。誠也からは、ソロの出番のテーマ曲を変えたいという希望があった。どれも、より良い舞台を作り上げる上で重要なものであり、採用した。生徒たちには、「このように提案があったので、修正します。ありがとう」と全体で説明をした。

前述のとおり、普段の学習は習熟度別の1～6グループの小集団に分かれて構成されている。最も基礎的な内容を学習するのが1グループであり、最も発展的な内容を学習するのが6グループである。文化祭前日に第5グループの国語の授業があり、文化祭にむけてのスピーチを行った。生徒たちには、「想いは最初からしっかりとした形で心の中にあるのではない。自分で言葉にすることではじめて具体的になり、行動が変わっていくのだ」と説明した。本番で頑張りたいことや、不安なことがあって人に聞いてほしいことがあれば、ネガティブなことを話してもいいと前置きをして活動を行った。「自分の言葉で語る」ことも、「タクミ」という生徒への実践の失敗から、大事にしてきたことだった。冬美は、ナレーターの台詞をはっきりと大きな声で話したい。お客さんも盛り上げられる方法や一体感を感じられる方法を考えたい、と話した。すぐさま、「こうすればどうかな？」など、他の生徒が反応したのが心強いと思った。修人は、信孝と音楽の授業の場面で演技担当であり、信孝は重度重複学級の生徒である。普段発語はあるが、タイミングよく、「どうぞ」とはっきりと台詞を話すことがチャレンジだった。修人は、そんな信孝とコンビで生徒役だった。「信孝さんが自分の台詞のタイミングを分かるように、片膝を立ててかがんで、(座っている信孝に)いい感じの角度でマイクを顔に近づけたい」と抱負を語った。私は、「ありがとう。ぜひよろしくね！」と励ました。

文化祭当日、生徒たちはとても緊張した面持ちだった。体育館には保護者が既に何人か入り、席を徐々に埋めていった。怪盗Xの演技にも最高潮に熱が入っていた。「もっともっとものすごーいお宝を出せ～！」と激昂し走り去る場面で、全身で怒りを表現し地団太を踏んだため、衣装の帽子を落としてしまった。生徒役のマサユキが機転を利かせ、舞台から立ち去る際にさりげなく拾い、次の場面に向けて待機していた怪盗X役の裕史に渡した。重度重複学級の信孝からは、想定外の「アドリブ」があった。修人がマイクを信孝に傾けた途端、「お宝を出せ」というと怪盗Xの台詞を大きな声ではっきりと2回言った。前日にスピーチで語っていた修人が予想外の信孝の言動にうろたえつつも、小声で「どうぞ」と必死に傍らで囁いていた。信孝は、「仕方ないな」という表情をしながら最後に「どうぞ」と言った。その他、緊張で台詞が飛びながらも落ち着き払って何事もない様子で演技をする姿もあった。普段は「うるせー」などの声や他害が思わず出てしまったり、常同行動（外から見ると意図が分からない、繰り返し行われる行動）が出てしまったりする生徒も本番中は堪えている様子が伝わってきた。自分の出番以外にも、皆、舞台下で音楽に合わせて手拍子で応援していた。「お客さんも盛り上げる方法」で冬美が話題にしていたことだった。フィナーレが終わり、大きな拍手が沸き起こった。W主幹教諭が、舞台袖で生徒たちに「2年生の発表、すげーよかった～」と声を掛けていた。心から言ってくれているのが分かった。様々な教員がそのような言葉を掛けてくれた。発表後、体育館の大スクリーンで自分たちの動画を見た。本番では特に何事もなかったかのように振舞っていた生徒たちだが、信孝の「お宝を出せ」の場面では、笑いがどっと起きた。信孝とコンビの修人も笑っていた。教員たちの間では、「信孝は怪盗Xの一味のつもりだったんだね」「来年度も、怪盗Xの続編にして、信孝も怪盗Xに加えたらどうかな？」と話題になった。何人か前に出てスピーチをする時間も少し取れた。紫は、「みんなで一生懸命やれて嬉しかった。最高だった」と語った。

4　新しい景色を見るために

信孝はその後、他のクラスによく遊びにいくようになった。「お宝を出せ」と教員が言うと、「お宝を出せ」とはっきりとした声で応じるお決まりの笑いのやり取りが増えた。「信孝さん元気？今日の体調は？」と聞くと、「眠いです」と応えるなど、会話のやり取りが以前よりも増えてきた。ナナは学年最後の国語のスピーチで、「もっと青春したい」「もっと熱中する時間が欲しい」と語った。この一年で、生徒たちの成長をたくさん感じ取れた。皆で夢中になって取り組めた文化祭は大きな「宝」だった。自分の言葉で語ること。それを、他者に表明すること。他者の言葉を聴くこと。一歩一歩でいいから行動していくこと。その先に、新しい景色が見えることを、これからも生徒たちと感じていきたい。

（かわかみ　かおる）

特集1

世界と出あう★世界を変える

実践分析論文

私が変わり、世界が変わる

公立高校　中村由利

1　プロジェクト企画を授業評価の対象に

井出実践

井出は、カリキュラム「公共」の中に「どのように社会を変える経験」を取り入れるか考え、「社会参画を奨励する枠組み」を授業の中に作り上げた。

この取り組みがうまくいったのは、この企画の実施を選択課題のA．新聞切り抜きレポート、B．読書感想レポート、C．プロジェクト企画の実施という中の一つに位置付け、授業の正式な評価の対象に組み込んだからだ。井出は、応募者以外の生徒が参加可能な企画にすることを条件とし、教科をこえて、クラスをこえて、学年をこえて生徒が関わる機会を作っている。また、ＳＤＧｓを枠とすることで、選べる選択の幅が広く、内容を自分で工夫して変えていけるという自由度の高いものとなっている。教師によって与えられたものでない場を作り、社会に出かけていくきっかけをつくっている。中には、その後も活動に続けて参加している生徒も出てくる。

また、参加募集のポスターを各学年の掲示板に張り出し、参加を呼び掛けた。計13枚のポスターが張り出された様子は、「見た目にもインパクトがあった」という。このポスターの掲示は、学校空間をも変えていく。

プロジェクト企画に参加すると、「公共」だけでなく他学年の他科目のものも一部評価対象になったことが、多くの生徒を動かすことにつながった。意志を持って参加すれば評価する。生徒は、面白そうな企画に参加することで、評価ももらえることになる。他教科他学年を巻き込むことで公共の授業担当者二人だけではとても手に負えない多彩なプロジェクト企画を実現させた。

各プロジェクトは、企画する生徒たちが、依頼した講演者や訪問先などとのやりとりをする。当日の司会進行などもすべて生徒が主体的に取り組む仕組みになっている。「主権者は主催者から」という言葉があるが、まさしくそのような企画である。

「子ども食堂」を企画した生徒は、初めはボランティア活動をする計画を立てていたが、運営者との話し合いの中で、実際に子ども（参加者）として出かけるよう促される。その中で、生徒は自分の境遇の良さをつきつけられていく。そして、「子ども食堂」が地域のコミュニティであることに気が付いていく。また、「…普段の学校、部活、SNSでのやりとりのように忙しくなく、息苦しい生活から解放され、とても穏やかなのんびりとした時間を過ごすことができ、心が洗浄された様な気分になった。」という感想を持つ。「子ども食堂」での体験が、貧困家庭の子どもが行く場所であるという認識から、誰にとっても必要な場所であるという自己意識の変容につながっている。

老若男女が交錯する場である「子ども食堂」は、暖かい居場所であるということを体験する。

「政治と選挙」を企画した生徒は、多くの人が選挙に行かない現状から、「特に若年層の政治への関心を高めるためにはどのようにすれば良いのかを考える会を行い、具体的な解決策を考えてもらう」というプロジェクトを立案する。おもしろいことにそれに参加した生徒は、選挙の仕方や体制は一つではなく、「シンガポールでは選挙が義務化されており、選挙にいかなければ除名されてしまう制度があると知り、とても驚きました。」「若者の政治への興味・関心が低下しているのではなく、明治以降続いている今の選挙体制が投票率低下をまねいているのではないか。」と俯瞰的なものの見方に至る。なぜなら「このプロジェクトでは、ほとんどの生徒が初対面の人と今の選挙や政治について深く語り合っていたのを目のあたりにしたから。」と言っている。この考え方は、体験の実感に基づいている。投票率が低いのは、政治に関心がないのではなく投票システムの問題であるという視点を持つことを学ぶことができた。

「世界の貧困」を企画した生徒は、「ダメもとで石井さんに講演を依頼するメールを送りましたが、まさかのOK

をいただいた時の嬉しさは忘れられないものとなっています。」「参加者は30名集めることを目標にしていましたが、80人も集まりました。」という。講師に依頼してOKをもらう。予想より多くの人が集まってくれる。自分が動いたことに対する他者からの応答がある。その中で、思うようにいかない悔しさを味わうなど自身の企画が自身の感情を揺さぶり、周りの人を動かすという経験の積み重ねが、「世界は変わる」という実感につながっていくだろう。

2　初めての「生徒総会」開催　長野実践

3年生DのRMの活動は「頭髪指導を受けた時に感じた理不尽さ、なぜ自分が指導を受けるのか、その基準がわからない」という思いが原点となっている。「ジェンダーにまつわる不適切指導」などおかしいと思うことに声をあげるDの声を長野は拾いあげる。

10月に行った企業や大学、保護者へのインタビューは、地域の大人の思いを直接知る機会になっている。が、同時にLGBTQの外部団体などに協力を得て校則があることで困った経験のある当時者の声も掬い上げるなどして、教師と生徒がより細やかに校則問題について応答し合う関係ができていくとよかったのではないか。

1月の教師に向けてのプレゼンテーションでは、自分たちの要求をどのようにして実現させるかという方法を生徒に学ばせている。

翌年4月、RM会の生徒が全校生徒を前に提案する。その提案内容を、生徒会執行部や全校生徒の総意とするかを議論するために、HR代表委員2名と生徒会執行部で「生徒議会」を実施し、「クラス議会」と称するHR討議を行い、それを受けて生徒総会を開催する。HR討議の中で、普段はなかなか話す機会のない生徒たちに、色々な生徒と話す機会を設けたことは大事なことだ。また、このような手順をふんで要求を実現しようとする体験は、生徒にとって初めての経験である。今まで一度も生徒総会を開いたことのない学校の中に、民主的な物事の決め方の手順を学ぶための機会を生徒に与えている。

さらに、生徒総会を受け、生徒指導部でも会議を重ねる。生徒だけでなく教員同士の話し合いの場が確保され、教員たちも子どもの権利条約について学ぶ機会を得て、学校での子どもの人権の尊重を改めて確認し合えたのではないか。

一方、疑問に感じることもいくつかあげられる。

生徒会の提案・プレゼン（パーマ・巻き髪・ツーブロックを認めてほしい、地毛証明書を口頭のみにしてほしい）に対して「自由には責任が伴う。誰かの自由が誰かの人権を損なうものになってはいけない」と応答したのは、プレゼンの内容と応答とがズレていないか。

また、生徒も保護者も教員も、校則が自由になると風紀が乱れると思い込まされている面がある。7月20日の教員と一般生徒の意見交換会でも、当初は自由に発言していた生徒が、教員の意見は素直に聞かなければならないという従順な姿勢へと変わってしまう。生徒自身が自ら規制をし、自由であることが問題を生み出すことにつながると思い込んでしまっているのではないか。

回答案作成において、巻き髪の基準作成を女性教員三人に依頼した、というのにも疑問は残る。

さて、ルール（校則）は何のために存在するのか。ルールは必要なのか。ルールが目標を達成するための手段になっていてはならない。また、生徒を管理するためのルールであってはならない。果たして、生徒の自由を制限する合理的な理由はあるのだろうか。今後このような根源的な問いも含めて、長野さんが視野に入れている「三者協議会」などで論議し、改革を進めていってほしい。

教員や地域や親の思いにおもねることなく、自分自身の思いを自由に発言できてこそ、生徒は「世界は変わる」と実感できるだろう。

3　教師集団が変わるとき　河上実践

年度当初の職員会議で校長から「今年度の文化祭は、「純粋な演劇発表会」ではなく「学習発表」の場とするように」との方針が打ち出されたが、河上は、逆に演劇に魅力を感じており、チーフを引き受けることにした。「生徒たちが緊張やプレッシャーとも向き合いながら夢中になって演劇に取り組む様子から、知的障害のある生徒と演劇は親和性がある」「国語科の授業で物語文を読むよりも、役を演じ、物語に入り込むことで、生徒たちの登場人物の心情や立場、テーマを感じ取り自分なりに考え、演技に熱がこもり全身で同化していくことができている」という教師としての実感があったからだ。

また、学習発表とすれば、舞台発表への準備の負担は少なくはなるが、感動がなく得られるものがないと考える。「生徒たちにとって、学校生活の中で何かに本気で夢中になって取り組む経験がいかに大切か、生徒たちがいかに夢中になって取り組める経験を欲しているか。（中略）ただでさえ行事が縮小化されていく中で、文化祭は最後の砦だ」「生徒たちが本気で取り組むためには、サポートする教員集団も本気になって取り組む必要があると感じていた。」という河上の考えは、以前担任していた「タクミ」という生徒への実践の失敗から学ぼうという姿勢から生じている。

最初に河上は、担当者三人と作戦会議を開く。そして、そこで、自身の「文化祭をただのグループ別に発表するだけの会に終わらせたくない」思いを伝え、同時に隠すことなく「不安」も伝える。そのことで、S先生は、アドバイスをくれ、A先生は、「脚本を、よりコミカルに豊かに演出してくれた。」など河上は同僚をよく観察し、その得意な分野を見ながら、力を借りながら進めていく。

また、生徒のこともよく観察し、生徒の得意や好きや苦手などのでこぼこを学んでいく中で、「今を大切にして夢中になって日々を過ごしてほしい。それが学校の宝なんだよ」というメッセージを伝えたいとテーマを明確にしていく。このテーマは、上から与えられたものではなく、下から湧き上がってきたものである。

夏休み前の学年会では、河上の提案に表情を曇らせる学年主任を説得する。また、他の先生からの協力を仰ぐ。一方、例年と同じ形で教員に負担がかかることに、罪悪感を抱いてしまう。この葛藤があるからこそ、誠実に取り組むことができるのだろう。

10月初旬、文化祭オリエンテーションの仕掛けとして、教員が朗読劇を生徒の前で披露し、物語に触れさせることで生徒のやる気に火を付ける。また、教員にも演劇の面白さを気付かせる。

その後、S先生の提案で飲み会を開催する。初めは乗り気ではなかった河上も、やや険悪なムードになっていた学年主任やR先生とも話ができ関係性が改善していく。

冬休み、河上は視覚的に整理した舞台配置図の資料を作成する。そして、学年会で意見を求めるが、N先生から大幅な変更の提案がなされ、その瞬間職員室で涙が止まらなくなってしまう。しかし、M先生から「あの資料とあの涙で皆本気になりましたよ」と声をかけられる。本気で取り組んでいる河上の姿が、学年集団を変えていく。河上の「クリスマスリース、すっごく素敵ですね」というようなちょっとした会話が関係性を変えていく。また、弱さをさらけ出す自然な姿が、学年の教員との出会い直しにつながっていく。そして、知らず知らずのうちに、教員も生徒や河上の青春（熱気）に巻き込まれていく。本気で夢中になって取り組んでいる姿勢が、学年の教員団に伝わっていく。

河上が、生徒たちにも「より良いものを創り上げるために、気が付いたことがあれば教えてほしい」と訴えると、壮真から『青春』のボードをフィナーレで」見せるという提案がある。それ以降の様々な提案に対して、河上は「ありがとう。」と全体の前でひとつひとつ丁寧に応答している。

文化祭前の国語の授業でのスピーチも圧巻だ。「想いは最初からしっかりとした形で心の中にあるのではない。自分で言葉にすることではじめて具体的になり、行動が変わっていくのだ。」と説明し、本番で頑張りたいことのみならず、不安やことやネガティブなことでもよいと付け加える。冬美の発言に対して、他の生徒から「こうすればどうかな?」などの反応があるのは、生徒の発言に対して「ありがとう。ぜひよろしくね!」と励ましたり、応答したりする河上の姿があるからだろう。

文化祭当日、怪盗Xの「お宝を出せー。」の熱演で落とした帽子をマサユキが機転を利かせて拾う。また、いつもはっきり発語ができない信孝まで「どうぞ」ではなく「お宝を出せ」と大きな声で、しかも2回も言ってしまうなどのハプニングは、劇にのめりこんでいる証拠だろう。「自分の出番以外にも、皆、舞台下で音楽に合わせて手拍子で応援していた。」姿や最後に「大きな拍手が沸き起こった。」時、生徒も保護者も教師も一緒になって感動を味わっていた。他者と共に生きているという実感を味わっている瞬間だろう。

演劇の取り組みは、非日常の世界であるが、それは必ずや日常の世界へも影響を与えることになる。文化祭後、信孝が他のクラスに遊びに行くなど行動や会話の変容がみられるようになった。劇を通しての体験が彼を少しずつ変えているのだろう。最後の国語のスピーチの中でのナナの「もっと青春したい」「もっと熱中する時間が欲しい」という願いは、学校に通う多くの生徒の思いでもあるだろう。生徒が本気で夢中になるために、どんな思いを込めるのかが教師に問われている。

4　生徒の現実世界をとらえる　佐伯実践

ダイキは、3年次の文化祭のテーマ「在日コリアン」の問題に取り組む中で劇的に変容していく。しかし、それは佐伯も指摘するように「3年間のコツコツとした充実ノートの取り組みの積み重ねが生み出した言葉」である。「感想を書くのが苦手で、一行書くのに数時間かかる」ダイキに、「とことん付き合ったし、ダイキもそれに答えるかのように、充実ノートに取り組むことを3年間手放さなかった」という充実ノートを通しての佐伯とのやりとりや日常生活の中でのやり取りの中で、ダイキは応答すること、自分の声を上げるということを学んでいった。

小説『緑と赤』を読み、感想交流を行い、さらにはコリアタウン（鶴橋）へのフィールドワークへ出かけた。そこには、多くの他者との出会いの場が用意されている。佐伯はさらに、「クローズアップ現代」「報道特集」の中のヘイトスピーチを扱った映像を用いることで、「ヘイトをする人たちは、これまで日本が朝鮮やコリアンたちにしてきたことを知っているのだろうか」と怒りを持ったダイキの感想を導き出す。知ることー「学ぶ」ことが生徒の内面の変容を促していく。これこそが、佐伯の求めている「世界が違って見えてくる経験をしてほしい」という願いに沿ったものであろう。「在日コリアン」の問題は、もともと佐伯が高校3年の時から抱えていた問題であったということが、重要なのだろう。たしかに、テーマ自体を生徒に考えさせ、決定するということは大切なことであるが、生徒の身近にいる大人の「おかしい。何とかしたい」という思いこそが、生徒にも伝わっていくのではないか。

ダイキは2学期の『緑と赤』の学習会の中で、登場人物の宍戸が韓国や在日に対して「70年前のことをいまだにうだうだ言ってきてウザい」と述べるシーンに対して「共感する」と感想を述べる友人にきっぱりと反論し、「もっと過去のことを知りたいし、差別とは違うけど僕自身も踏みつけられる側にいたことがあるから」と自己開示する。「自身も踏みつけられる側にいた」という自身の体験と重なったのだ。

佐伯はさらに、最後の学習会で差別に対して戦っている李信恵さんや崔さん、その弁護士たちとも出会わせる。その方々の姿を見てダイキは「差別に対して『諦めるしかない』と思うより、『これは間違っている』と思って行動している人がいるから、『これは間違いだ』と言っていくこと、声をあげる方が良い」と語る。さらに「いろんな人にこのことを知ってほしい」と感じる。そして、「自分自身も伝えたい」と発信者の側へと変わっていく。

一方、フウナは、佐伯の踏み込んだ要求に答えることをしなかった。佐伯の過剰な期待に対して、おもねるようなことはしなかったとも言える（拒否したともいえる）。佐伯が求めていたのは、クラスの中のリーダーとして中心となって活躍するフウナだ。佐伯に認められたいという思いで、充実ノートや団長に取り組んできたが、疲れてしまったのかもしれない。そんなフウナをありのままに受け入れてくれるのが、グループの仲間たちだ。そのグループに対して、佐伯は負のレッテルを貼る。佐伯も最後に「フウナに自分は、寄り添えていたのだろうか」と気が付く。教師の期待や熱意が大きければ大きいほど、生徒の負の部分ばかりに目がいってしまうことがままある。生徒が生きている現実世界をとらえ、その世界に応えるために何をすべきか冷静に分析できるとよい。

ダイキの3年間の総括文の中に「小中学校では自分を守ることで精いっぱいで、クラスや学校全体のことを考えるなんてできませんでした」とあるように、フウナと親友はまだ自身の現実世界の問題に直面し、そこで必死にもがいていたのだろう。

さて、ダイキにとって「学ぶ文化祭」は、大きな意義をもっていたが、フウナのように必ずしもそうはならない生徒たちもいる。そのような生徒にも面白そうと思って参加してもらうために、文化祭の中に演劇的要素や体を動かして表現する発表の場などを取り入れたらどうか。河上実践のように生徒が「夢中になれるもの」を入れ込むことで、真面目さや固さをほぐすダイナミックな活動ができるのではないか。フウナの親友やその仲間の生徒たちを巻き込んで、個としての学びではなく集団の学びとしての活動を取り入れることで多くの生徒が「自分が変わり、世界が変わる」体験ができるのではないか。

5　おわりに

学校の中に自分自身が生き生きと活動できる場所がある。自分の思いを臆することなく他者に伝え、それに対し他者が、応答してくれるという安心感を持つことができる。教師一人一人が、自分の持ち場で同僚と手をつなぎながら、生徒とともに生き生きと活動することができる。そんな時を共有したい。

（なかむら　ゆり）

特集1　世界と出あう★世界を変える

研究論文

見失われた「世界」との「つながり」を回復するために

北海道教育大学釧路校　木戸口正宏

1　社会的存在としての人間

マルクス（1958＝1965）は「フォイエルバッハに関するテーゼ」において「人間性は一個の個人に内在するいかなる抽象物でもない。その現実性においてそれは社会的諸関係の総体（アンサンブル）である」と述べた。

歴史的な存在としても、社会的な存在としても、あるいは自然的存在としても、人間は、労働や、物質代謝などによる社会的・自然的な諸環境との交渉を通じて、日々自らを形作るとともに、そうした諸環境によって形作られ、また自らもその一部として社会や歴史、自然を形成している。その意味で人間は、意識するしないにかかわらず日々世界と「出会って」いる。

しかし同時に、現代の「社会的諸関係」のありようは、私たちにとって世界（社会）をよそよそしく自分とは遠いもの、手応えのない抽象的な存在として、あるいは逆に強固で変わりようのない対象物として捉えさせる強力な磁場を発している。とりわけ新自由主義的な社会で生きる子ども・若者にとって（大人たちも、であるが）、世界（社会）は、適応する対象ではあっても、働きかけ変えていくことができる、あるいは関与・参加が可能な存在とはみなされていないように見える。

この社会において彼らが学校や家庭の中で経験する「成長」や「発達」のありようは、彼らを取り巻く社会的諸関係や構造・制度から切り離され、もっぱら個人の「努力」や「能力」、「資質」（あるいはそれらの「不足」や「欠如」）の問題として位置づけられている。その過程での「成功」や「失敗」もまた、各人の選択や決断の結果として、あるいはまた既存の労働市場や社会への「適応」の程度にそくした形で「自分の問題・責任」として引き受けることを彼らは求められている。そうしたことは、「世界は変わらない（自分たちでは変えられない）」という認識をより強固なものにしている。

2　私たちと世界との関わりを遮断するもの

コントポディス（2012＝2023）は、世界（社会）に関わるそうした「無力感」の背景に、新自由主義社会が私たちに強いる二つの力の矛盾があることを指摘している。すなわち私たちは一方で「モノ、サービス、非物質的な商品、人でさえ消費する」ような「成功と消費への欲望」へと駆り立てられながら、他方でそうした「成功とこれらすべてのもの、サービス、商品にアクセスし、自分のものにし、消費すること」が実はほとんど不可能であるということを、生きている中で日々突きつけられている。

こうした「成功・消費への欲望」とその「不可能性」は、社会のなかにより深い倫理的－政治的危機（利他主義より個人主義、連帯より競争、平和と協働より敵意、異種性より同質性への志向）を生み出すとともに「資本主義経済がその根幹を脅かす深刻な危機（とりわけ消費の危機）にある一方で、消費への欲望が生活のあらゆる側面に（想像力にさえ）浸透し、この危機から逃れることも、打ち勝つことも不可能と思われる」ような社会像をも作り出している。そして多くの人々は、そうした「成功と消費の不可能性」のもとで、排除され周縁においやられているように感じているとコントポディスは指摘する。

こうした「成功と消費への欲望とその不可能性」との矛盾は、子ども・若者の「成長」「発達」においても、さまざまな形で現れてくる。学校教育においてそれが鮮明になるのは、彼らが学校から社会への移行へと足を踏み出そうとするその最中、あるいはその準備のためにさまざまな教育的な働きかけを受ける過程である。

コントポディスは、現在の社会において「次世代」のための教育は「効率的に求職者や被雇用者を生み出す」ために「若者の発達をコミュニケーションし、秩序づけ、方向づけ、安定させる」方向で強化され、ますます「労働市場と密接に結びつくように」なっていると指摘している。生徒の「成長」「発達」はもっぱら「職業教育、専門的志向、求職スキルの開発といった観点から」考えられ、そのなかで学校や種々の教育プロジェクトは、しばしば生徒に自分の過去の成績、将来のキャリアについて「省察」する指導的な実践に取り組むように促す。しかしこうした「省察」は、（教師がそうした「介入」「方向づけ」を基本的には「彼らの将来のため」という「善意」で取り組んでいるにもかかわらず）彼らが移行の過程や、その手前の日常生活の中で直面するさまざまな「危機」（予期せぬ妊娠、ホームレス、人種差別、労働市場の縮小など）に対処し、社会全体の改善に積極的に参加するための道筋をあらかじめふさいでしまう（そしてそうした「危機」も含めて、移行の過程そのものが生徒個人の「選択」や「責任」に基づく「成功」「失敗」として捉えられるので、教師は生徒の将来について責任を問われることはない）。

3 「可能的発達」と「潜勢的発達」

どのようにすれば私たちは、日々世界と関わりながら、それは自分とは縁遠い（あるいは適応する対象ではあるが、働きかけ、変える対象としては捉えられない）ものだという認識を乗り越えることができるのだろう。

コントポディスの議論に従えば、それは子ども・若者の「成長」「発達」の過程、あるいはそこで生じる「危機」や「ドラマ」と、それを取り巻くより広い社会的－経済的、倫理的－政治的状況との間の関係を、いままでとは異なる形で紡ぎ直すような社会的実践を通じて、ということになるだろう。そのとき鍵となるのは、コントポディスが、ヴィゴツキーの発達理論に基づき提唱する二つの発達のモードである。

その一つは「可能的発達」である。それは「具体的で与えられた未来のバージョンが実現される」発達のありようである。そこでは過去・現在・未来の結びつきは直線的で、過去は変えようがなく、未来もまた、現実にある実現可能な「選択肢」のなかから選ばれるほかはない。したがって「発達」はそうした「決められた」未来に向かって自己を変化・適応させていくプロセスとしてもっぱら経験されるとコントポディスは指摘する。

こうした発達像に対して、コントポディスが対置するのが「潜勢的発達」という概念である。それは、「いまだ与えられていない、過去、現在、未来をつなぐ異なる方法が顕在化される」ような発達のあり方である。すなわち

「発達」を社会や歴史から切り離された個人の内面的変化として捉えるのではなく、個々人の危機、成功や失敗などの経験を、その背後にある社会的・歴史的文脈とのかかわりで捉え直し、過去と未来とを集合的に再定義するプロセスとして捉えることである。そうして描き直された「人間の発達」は、新自由主義的な社会への適応とその再生産とは異なる、新たな社会の創出へと開かれたものになるとコントポディスは述べる。

そうした「潜勢的発達」を促す実践例として、コントポディスは1990年代中葉にカリフォルニア州ロングビーチの公立学校において、エリン・グルーウェルらによって主導された「フリーダムライターズ・プロジェクト」[(1)]、そしてブラジルのエスピリトサント州において現在も取り組まれている「土地なし農民運動」[(2)]およびそれと結びついた「大地の教育学」を挙げている。ここでは後者について簡潔に紹介したい。

4　「土地なし農民運動」と「大地の教育学」

「土地なし農民運動」はブラジル社会の民主化運動の中から生まれてきた。闘争のなかで、大土地所有者による収奪的な工業的農業への批判が高まるとともに、先住民や伝統的住民が実践していた生態系の力を生かす農業の価値が見直されるようになり、そうした視点に基づく農業改良や農業研究が進展していく。またそうした生態系の力を活かす農業を実現するために、土地を持たない（土地から追い出された）農業労働者たちが、土地を取り戻すための農地改革の運動が広がり、さらにそうしたものを基盤として新たな社会そのものをつくる運動へと発展していった。それらは総体として「アグロエコロジー」と呼ばれるが「土地なし農民運動」はその中核を担う活動といえるだろう（そしてまた、そうしたエコロジカルな有機農業を実践する農業者団体の名称でもある）。

「土地なし農民運動」は教育活動を重視しており、それは農業者への技術供与・自前の農業技術者や農業研究者の育成だけでなく、子ども・若者への教育をも包含している。子どもたちは学校で、あるいは身近なコミュニティのフィールドワークを通して、自分たちの地域の「土地なし農民運動」における象徴的な場所やモノ、人と出会い、そこから「土地なし農民運動」そのものの歴史を学んでいく。こうした学びは「私たちのアンデンティティのプロジェクト」と位置付けられ、その中で子どもたちは自身の経験や記憶を、「土地なし農民運動」にかかわる記憶と結びつけ、集合的な形で共有していく。そうして彼らは自らを「セム・テリーニャ」（「小さな土地なし者」転じて「土地なし農民運動の子どもたち」の意味）としてアイデンティファイしていく。

こうした一連の教育的活動が「大地の教育学」と呼ばれるものである。その活動を通して、農民たちとともに、子どもたちもまた「自分たちの住み暮らす世界を変えることに集合的に参加できるように」教育されていく。そして実際に子どもたちは、大地の教育学との出会いを通じて、学校の内外を問わず「環境保全的で、自然と人間にやさしい社会における連帯の経済を築くこと」に積極的に参加していくとコントポディスは述べる。

5 「高校生議会」の取り組み

このような視点から日本の教育実践に目を転じた時、北海道の高校教師である米家直子が、高校生たちとともに取り組む一連の「探究学習」は、興味深い論点を提示しているように思われる（米家 ２０２４）。

米家はこの10年ほど、北海道池田町で町長や町議会、町職員の協力を得て「高校生議会」の実践に取り組んでいる。町議会を会場に、高校生が議員役となり、地域課題にかかわる質問や要望を行う。町長は行政の長としてそれに責任をもって回答・応答するという活動である。ほぼ実際の議会と同じスタイルで進行し、質問数は50回、意見書の提出は20回を超えるなど継続的に活動している。これまで性的少数者のための「パートナーシップ条例」の制定を要望する、冬季の通学困難時に、空いているスクールバスを高校生が利用できるよう柔軟な運用を求める、廃校となった学校の校舎を不登校の子どもたちが通う学校として活用することを提案する、町外から下宿して池田町に通う生徒に対する経済的援助の増額を要請する、などの要望・提案を議会・町長に届け、実際に町の政策に反映されたものも少なくないという。

この取り組みにあたって米家は、町長・町職員が、高校生を一人の主権者として、対等に接してくれたこと、提出された質問や要望を「町民からの意見」として真摯に応答してくれたことが、非常に重要であったと述懐している。当初は質問書に「ご回答お願いいたします」などへりくだった表現が多く使われていたのに対して、議会事務局から「町長と議員は対等」なのだから「町長の所見を伺う」

でよい、との助言をもらったことも「高校生にとって衝撃」的なことであり、それゆえ高校生の側も、質問書の内容をきちんと準備しなければならない、というスタンスに変わっていったのではないかと米家は述べる。

同時に、議会での質問という、これまで行ったことがない活動が形式的なものにならないよう（または「教員にやらされている」という感覚にならないように）、町長や議会事務局が地域課題に関するレクチャーや町議会の位置付け・役割の説明を丁寧に行い、あるいは質問書・意見書の書き方や雛形を紹介したり、質問の趣旨がより明確になるような形での助言・応答が行われていることも重要である。

議会でのやりとりを通して、町長は高校生に「この質問を通して、あなたは何を改善したいのか」と納得するまで聞いてくる。最初はそうしたやり取りや手続きを「面倒臭い」「なんですぐに「いいよ」っていってくれないんだ」と不満を述べていた高校生も、やりとりのなかで、政策の実現には予算的裏付けや、その要求が本当に町民多数の声を反映しているか、ということに対する説得ある資料が必要だということを学び、何よりも先輩たちの質問が実際に町の政策に反映していることを見ているなかで、町の予算について考察をしたり、町職員とどのように信頼関係を築いていくかを考えるようになり、新たな質問書の作成に取り組んでいくという。

6　地域史に根ざす探究的学習の追求

米家はまた、コロナ禍に分散登校でやってきた生徒たちの「自分たちも何かがしたい！」という声に応える形で、地域を舞台とした探究学習に取り組んでいる。具体的には高校の横にある石碑（池田農場開放記念碑）について「これは何の石碑だろう」と疑問を持って調べ始めた生徒たちとともに、石碑の正体を探るという取り組みである。米谷と生徒たちは「自分たちは何も知らない」ので、まずは役場にいってみよう、と訪問すると『池田農場史』という冊子を貸してもらえた。その冊子を読み込み、石碑が、この地域の人々が戦時中に自作農を勝ち取ったということに関する記念碑であることを知ることとなった。そしてこの石碑の価値をぜひみんなに知ってもらいたいという思いから文章を作成し、それを「池田農場開放記念碑案内看板」として石碑のそばに設置した。

この石碑に関する学習は、その後の学年でもたびたび取り組まれ、現在は石碑に関する「高校生ガイドツアー」の考案に取り組んでいるという。そうした学習の過程で、生徒は地域のさまざまな人やモノと出会い、そこからまた新たな課題や疑問を持ち、さらに自主的な学びや地域社会への参画へと活動の場を広げている。

7 「社会づくり」と結びついた学校・教育課程の再建を

鈴木聡（2002）は、大規模な構造改革が進められ、その矛盾が子ども・若者たちの「成長」や「発達」における「危機」や「困難」として明瞭に現れてきた1990年代後半期にすでに、子ども・若者の学びのあり方を「社会づくりの復元」という視点から大胆に転換すべきであるとの問題提起を行っている。

「…今日の子ども・青年の自立を支援する居場所づくりは、彼らが地域社会のほんものの一員として地域づくり・社会づくりに参画し、信頼できる大人や異年齢・異文化の仲間と出会っていく、そうした「社会文化」的広がりを見通すものでなければならない。…」(3)

米家（2024）もまた、「全てのこどもについて、その年齢及び発達の程度に応じて、自己に直接関係する全ての事項に関して意見を表明する機会及び多様な社会的活動に参画する機会が確保されること」としたこども基本法（第3条第3号）の規程や「合意形成や社会参画を視野に入れながら構想したことを議論する力を養う」とする高等学校学習指導要領（公民）の「公共」の規程に言及しながら、子どもの権利としての社会参画と結びついた学び（教育課程）が必要であることを指摘している。

ここで両者が述べるような、社会づくりと結びついた教育課程の構想は、学校や教育を取り巻く現在の社会状況のもとでは、実現は容易ではないようにみえる。

しかし社会の持続可能性をめぐる「危機」は、ローカルなレベルでもグローバルなレベルでも極めて差し迫った課題となっている。それらはさまざまな「問題」や「課題」として、私たちの日常生活に日々現前している。子ども・若者が、学校における学びを通して、あるいは地域の多様な人々に支えられながら、そうした地域課題に取り組み、社会に参画していくことは、子ども・若者の「成長」や「発達」のありようを、個人の内面に閉ざされたものから、より広い（そして自らを形作る諸条件でもある）社会や歴史との出会いなおし（再発見・再認識）、そして新たな共同的な関係性の創出へと開いていくのではないだろうか。

それは自分たちを否応なく貫いている社会的規定性とともに、そこに埋め込まれた集合性や共同性に気づくことであり（もちろんその集合性や共同性には両義性がある）、またそうした集合性・共同性に根ざして社会的規定に働きかけ、それを変えていくプロセスである。そうした子ども・若者の「成長」と「発達」のありようは、閉塞感に満ちたいまの社会を転轍していくための密やかな、しかし同時に大きな潜勢的な力になるはずである。

（きどぐち　まさひろ）

［注］

(1)　エリン・グルーウェルとフリーダムライターズ（2007）などを参照。

(2)　「土地なし農民運動」および「大地の教育学」については、印鑰（2023）を合わせて参照した。

(3)　鈴木後掲、pp.30-31。ここで鈴木は佐藤一子（1998）を参照しながら、「居場所づくり」と「社会づくり」とが結びつくことの重要性を指摘している。

引用・参考文献

印鑰智哉（2023）「インタヴュー　食糧危機をどう乗り越えるか　グローバルアグリビジネスのための食糧生産か、民衆のための生産か」唯物論研究協会編『唯物論研究年誌』第28号、大月書店
エリン・グルーウェルとフリーダムライターズ（2007）『フリーダム・ライターズ』（田中奈津子訳）講談社
ミカリス・コンドポディス（2012=2023）『新自由主義教育からの脱出　子ども・若者の発達をみんなでつくる』（北本遼太・広瀬拓海・仲嶺誠訳）新曜社
佐藤一子（1998）「地域社会における子どもの居場所づくり」佐伯胖他編『岩波講座　現代の教育　危機と改革7　ゆらぐ家族と地域』岩波書店
鈴木聡（2002）『世代サイクルと学校文化　大人と子どもの出会いのために』日本エディタースクール出版部
カール・マルクス（1958=1965）『ドイツ・イデオロギー』大月書店
米家直子（2024）「報告3『探究的な学びが始まる時』」北海道教育学会編『教育学の研究と実践』Vol．19

ミニ実践

どうやっているの？
HRづくり
—生徒が当事者になるとき—

席替えも人任せ？
～生徒の当事者意識を高める試み～

公立高校　西野香織

新年を迎え3学期が始まり、クラスでは勉強に励む雰囲気が漂い始めた。1学年ではあるが日頃の進路指導に力を入れておりその成果かもしれない。一方で早々に運動部を辞め生活も崩れているA君にとって学習は関心がなく、授業中に先生やクラスメイトにちょっかいを出して度々問題となっていた。授業に集中したい人たちとA君に流され一緒に騒ぐ人たちに2分された。そこで3学期が始まったら席替えをし、授業に集中できるような環境を整えたいと考えた。クラスの雰囲気として、行動に対して消極的で人任せなところがあるが、自分たちの居心地が悪くなると簡単に他人のせいにするようなところがある。そのような様子を変えたいと思っていた私は、席替えを通して主体性を意識させようとアンケートを実施した。

アンケートの内容は次の通りである。1つ目は「席替えの希望方法について」①くじ引き②生徒が決める③先生が決める④その他、2つ目は「希望方法の理由」、他にも、席替えで心配なことや配慮してほしいことやクラスで困っていることがあれば記入する欄を設けた。朝のSHRの時間で数分とって行い、回収した。

回収したアンケートを集計していくと、意外な結果がでた。席替えの希望方法について①くじ引き12票、②生徒が決める9票、③先生が決める10票、④その他でどれでもいいと答えてきたのが1票という結果となった。あまりにも僅差であるため、このままくじ引きで席替えを行うのはもったいないと思い、生徒と一緒に考えることにした。

LHRを使って席替えを考えることにした。アンケート結果を黒板に書いたら生徒も驚いているようだった。私は次のように話しはじめ、提案した。「こんなに僅差になると思わなかったです。多数決でみるとくじ引きになるけれど、この結果を見て、多数決だけでは決めたくない。他の意見も聴いて、みんなでどのような方法が一番良いか考えたいと思います。そこでこの時間は3つに分かれてディベートをしましょう」。表立った場を用意し自分の意見を主張する機会を作ることで、他人任せではなく自ら責任をもって行動を選択してほしいと思った。席替えという題材なら、全員が当事者であり参加するだろうと思っていた。しかし生徒の反応は薄く、面倒な表情までうかがえた。A君が「多数決でいいじゃないですか。一番票が多いんだし」と発言した。私は「今回は特に死票が多いから、この機会にもう一度考えてほしい」と伝えたが、A君は面白がって「そんなに話し合いが必要なら、代表でBさんとC君とD君で話し合うのをみんなで見ましょうよ」と提案した。名前が挙がったメンバーは、普段から自分の意見を言えず、いじられたりからかわれたりするタイプの生徒だったので、A君の発言から悪意を感じ、その時私の怒りは最高潮になった。席替えを延期しLHRは自習とした。次の日の朝、出来事を綴った学級通信を配布した。私の気持ちも伝えた。「推薦というのは本来、積極的に取り組みたい人が推薦されるのであって、それを応援するのが推薦する側になります。昨日の件はそのような背景があったのでしょうか？本人がやりたいかどうかも知らず、安易な気持ちで推薦するのはとてもまずいことです。必ず本人の気持ちを確かめてからにしてください。」

学級通信を発行して少し落ち着いてきたら席替えだと思っていたら2月に入ってしまった。授業が残り2週間ほどしかなくなってしまった。授業態度は相変わらず良くない。これ以上は待てないと思い「一番票が少なかった②生徒が決める、を解体し、①くじ引きまたは③先生が決めるに分けることにしよう」と提案した。A君が「死票のこともあるから丁寧に話し合いをして決めましょう」と言ってきた。A君の発言に対し、少しは前回の件を気にしてくれたのかなと嬉しく思ったのと同時に、もう少し早ければと悔やみながら私は続けた。「死票のこと意識してくれて嬉しい。実はもう授業があまりないので話し合う時間は取れない。残念だけど、今回はこの形にして席替えしましょう」再びアンケートをとった結果、7票差でくじ引きに決定した。

以上のことを通して私が感じたことは、生徒の主体性をもっと育てる必要がある点である。席替えは生徒にとって一大イベントなはずだが、それを先生任せで良いと思っている生徒があまりにも多い。意見を言うのはA君しかいないのも問題である。また、物事を計画的に進めないと時間切れになってしまうことの残念さも感じた。生徒の様子を見ながら一番効果的なタイミングで仕掛けたいが、現実は待ってくれないと改めて感じた。

ミニ実践
どうやっているの？ HRづくり
―生徒が当事者になるとき―

COMMENT

席替えを通して生徒に問いかける

公立高校　木村久美子

　そもそもAはクラスメイトからどう見られているのか。授業中に落ち着かない様子があるため、煙たがられている存在であろう。一方、ディベートにおける主だった発言者はAである。悪意ある発言もあるが、「多数決でいいじゃないですか。一番票が多いんだし」という発言は、「生徒の反応が薄く、面倒な様子もうかがえた」クラスの声の代弁であるようにも感じる。その後、西野先生が死票の話をしたり、学級通信を通して相手の意志や気持ちを無視することのまずさについて語ったりするが、それを受けてAは、「死票のこともあるから丁寧に話し合いをして決めましょう」と発言をするようになる。西野先生の言葉がAに変化をもたらしたにちがいない。そして、Aの発言からうかがえる変化は、きっとクラスの声なき声の変容でもあると推測する。

　さて、西野先生ご自身が感じている課題として、「生徒の主体性をもっと育てる必要がある」点と「生徒にとって一番効果的なタイミングで仕掛けたい」点がある。後者については、今回の実践においてもっと早く西野先生が動くべきだったとは感じない。一回目のディベートを経て、席替えをするタイミングが授業残り僅かとなってしまったようだが、Aにとってもクラスにとっても、西野先生の言葉を消化する時間は必要であっただろう。その時間があったからこそ、Aから「丁寧に話し合いをしよう」という発言が生まれたのかもしれない。

　前者の「主体性の育成」については、時代背景的に大変難しいと感じる。現代はスマホさえ持っていれば何でもでき、極端なことを言えば、自ら動かずして生きられる時代だ。現代を生きる子どもたちは、与えられる情報や環境などを疑う術を知っているだろうか。西野先生のように、席替えなど身近なことを契機として、生徒たちに《君たちはそれでいいの?》と投げかけることは、子どもたちに揺さぶりをかける機会となり、こういった経験の積み重ねが、主体性の芽生えと繋がる。西野先生には、これからもご自身の感性を信じ、頑張ってもらいたい。

特集2

生徒の〈リアル〉に届くには

複雑な思いをことばにできず立ちすくむ高校生に、どう関わればいいのだろう?思いとは裏腹にうまい関わりがつくれず悶々とする日々。誰にでも当てはまるHow toがあったならどんなに楽なことだろう。

でも、そんなものは存在しない。育った環境も、これまでの経験も、感じ方も捉え方も一人ひとりみんな違う。

どれだけ難しくてもわたしたちはあきらめない。

複雑な思いに応えようと関わり続ける4本の実践から、学びたい。

特集2　生徒の〈リアル〉に届くには

実践記録①

初めての木製ジェットコースター

大阪商業大学堺高等学校　大矢由加

1　商大堺高校とは

大阪の南部にある全日制普通科である。19年前までは男子校であった。現在、男女比は7：3と圧倒的に男子が多い。また、スポーツが盛んな学校で日本拳法部やハンドボール部は全国大会にも出場している。泉州地域特有の「だんじり」文化を愛する生徒や教員、人懐っこく人の懐に入り込むのがうまい生徒が多い。

本校には4つのコースがある。（スポーツ、進学グローバル、特進アドバンス、特進エキスパート）うち、今回、執筆させていただいたのはアドバンスコースの担任を初めて持った時のことである。

2　特進アドバンスコース

クラス行事よりも進学を意識した指導に重きを置く担任が多い印象である。私は新卒で本校に勤務し、今年の4月で5年目を迎えた。昨年度、担任として2巡目、2度目の1年生を受け持つこととなった。初めてアドバンスコースの担任を持つこととなり、どんなクラスにしたいか思案する中で、中学3年間を新型コロナウイルスのために様々な場面で友人との関わりを制限されてきた彼らに、人と関わることの大切さや難しさを学んでほしいと思い、新年度をスタートさせた。しかし、文化祭実践を経て3学期に2名の停学処分者がクラスから出た1年間。担任を持つことへの喜びと不安と葛藤に振り回された1年だった。

3　ジェットコースターに決定した経緯

本校の文化祭は歴代木製ジェットコースターを作る文化があり、私自身、その先駆的存在であるS先生やF先生からその知恵を学んだ一人である。文化祭に対して消極的な担任もいれば、積極的に大きな企画を仕掛けていく担任もいる。

教員4年目(当時)にして初めてこの木製ジェットコースター企画をすることになったきっかけとなったのは、当時クラスを引っ張る存在として目立っていたMという女子生徒の一言だった。

HRの時間、文化祭企画でやりたいことについて話し合った。商大堺で歴代受け継がれている大型企画を紹介するなかでジェットコースターはとにかくウケが良かった。いざ文化祭企画を決めるにあたって「文化祭何する？」という質問に、Mが「そりゃ、ジェットコースターやろ」とあっさりと答えた。そこからジェットコースターに限らず、とにかくやってみたいことを教室のホワイトボードいっぱいに書かせた(ヴァイキング、バンジージャンプ、ジップライン、正門にある大きな坂で芝すべりなど)。

結局、HRの時間で決めきることができなかった。しかし、数日後、大型企画に7万円の準備金を用意するという朗報がやってきた。クラスは一気に大型企画へと乗り気になった。面白そうな企画がどんどんとあふれる中、Mがやりたいと提案してきたものがあった。それが「スイッチバックジェットコースター」だった。スタートの向きから途中で前後が入れ替わる仕組みで商大堺では前代未聞の企画だった。

最終的には多数決で決まったが初めての文化祭、コロナで制限され続けた彼らにとって、とても刺激的であった。

4　担任の思い

文化祭の企画を考える中で生徒に言い続けたことがある。それは「挑戦心を持つこと」。コロナで食事でさえ向かい合って取れなかった生徒たち、何をするにしても消極的で、意欲のない彼らにどのように生き生きと高校生活をおくらせられるかということを大事にしてきた。入学式のクラス開きでは「先が見えなくてもとにかくやってみることが大切」だと伝えた。今こそ行動にする時だと言わんばかりに文化祭に関しては、彼らが提案するすべてを否定しないように心がけた。生徒へも担任の立ち位置を明確に示した。

5　担任の役割

担任の役割は2つ。あくまでも現場監督であり、責任者。事故や怪我が起こらないように監督すること。2つ目はネゴシエーターである。学級担任として事故や怪我がないように配慮するのは当然である。作業の指示や提案のすべては生徒に委ねたが、インパクトなどの工具を扱う際は教室に常駐した。

2つ目の役割は、学校との交渉だ。予算内で資材を調達できるよう、学校で廃棄される木材等をもらえるように、担任から用務員に相談することが多かった。また、ジェットコースターを成功させてきた先輩方のご厚意もあり、木材は予算に余裕をもって買い揃えることができ、釘やその他の必要道具も譲り受けることができた。

6　制作期間は1ケ月　ボスになったN

当初は夏休みを返上し制作する予定だったが、なかなか集まらなかった。夏休みに数回、文化委員に集まってもらった。1学期からクラス全体には「文化祭は自分たちで作り上げるもの。友達と協力し、ときにぶつかりながらゼロからものを作り上げる楽しさを体感してほしい」ということを伝えてきた。1年生に求め過ぎた気もしたが、文化委員を集め「君たちに引っ張っていってほしい」と伝えた。文化委員の一人であるNという男子生徒はそこで顔色が変わった。後日、日曜大工が趣味の父親の力を借りて設計図を作ってきてくれた。

夏休みが明け、いよいよ制作開始。しかし、1学期とは打って変わり、生徒間では「ほんまに完成するん？」という空気が…。これはなんとかワクワクを感じさせたいと思い、S先生の助言のもと木材の買い出しへと向かった。

しかし、模試や「だんじり」と被り放課後に残れる生徒はほとんどいなかった。ある日、Nが一人で作業していた。Nは非常にまじめでテスト前には一人放課後に自習をして帰る。また、テニス部に所属し活発な一面も見られる。そんなNが少し心配だった。担任としてだれかひとりの文化祭になることだけは避けたかった。Nの真面目さが搾取されているのではないかとも思った。ここからNへのアプローチが増えていった。

私「ひとりで嫌じゃない？手伝ってほしいって思わんの？」N「居っても遊ぶだけやし、自分でやったほうが早いです」私「周りを頼ることも大事な勉強やで」

N「うーん。でも間に合わないんで…」

こんなやり取りが数日続いた。文化祭が近づくにつれ焦りを感じ始めたNと仲がいいクラスメイトが毎日残るようになった。しかし、Nは周りを頼ることが依然としてできない。「ふざけるんやったらさわるな」「それやったら失敗するのわからん？」残っているクラスメイトに対して高圧的な発言が増えていった。流石のクラスメイトたちも教室にいても手伝う雰囲気ではなくなった。

7　Nの離脱

文化祭2週間前、Nがインフルエンザで離脱。作業してきたクラスメイトとNとともに企画を引っ張っていたYが力を発揮する。Yは普段は不真面目でよく怒られるいい加減な生徒だった。しかし、この企画を立てたときから一番目を輝かせていたのは彼だ。Nとは対照的にクラスメイトの意見を取り入れ、率先して作業を回していた。Nが残した設計図をもとに作業するにつれ、ひとりふたりと作業人数が増えていった。結果的にNが休んでいる間も作業が止まることはなかった。

8　Nの復帰。ボスからリーダーへ

Nが離脱したことでNが抱えていた負担を実感したクラスメイトたち。「本当に間に合うのか」という思いを全員が抱えながらも主体性を持ち始めた。看板を端材で作り、入口と出口がわかるようさらに端材を集めに行き、再利用するような生徒も増えた。

もともと仲がよく、柔和な性格が多いクラスで、お互いを否定し文句を言い合うことはない。1週間離脱していたNの周りには、Nからの指示を待つのではなく自分から聞きに行くクラスメイトが集まる、文化祭として成功の兆しを感じた一瞬だった。

それからNは、なにか吹っ切れた様子であちこちで指示を送り、難しい作業は率先して行う反面、単純な工程はすべて周りにお願いするようになった。

3階のHR教室から展示場所の1階まで全長2メートル越えのレールを運ぶ生徒たち

9　朝練と夕練　学年主任の心配そうな眼差し

商大堺初スイッチバックジェットコースター。レーンは完成せず、作業を進める教室の前を通り過ぎる学年主任は毎回心配そうな表情を浮かべていた。学年主任は非常に厳格な人物である。しかし、常に生徒を一番に考える熱い先輩だ。文化祭準備中も何度かクラスの様子を見に来ていた。しかしこのときばかりは焦った。「NO」をはっきりと言う主任の性格は十分に理解しているつもりだ。ジェットコースターの安全性の確保や完成の見通しが立たないことから、別の方向へ変更されてしまうのではないかと思っていた。毎日、ヒヤヒヤしながらの作業だった。

毎朝、7時から作業をはじめ、夜は9時まで残りの作業を続けた。Nを中心に入れ替わり立ち代わりクラスメイトがやってくる。中にはNとは別にリーダーシップを発揮する生徒も出てきた。そんな数日を過ごし、文化祭前日。スイッチバックの部分が完成しないまま夜の作業が終了した。Nは「自分のせいだ」と言う。ここで誰も彼を責めることもなければ不安を吐くこともなかった。ただ淡々と作業を進めていた。

文化祭当日、学年主任の配慮で文化祭のオープニングには参加せず数名で作業を進めた。試行錯誤の結果、開始ギリギリでスイッチバックが完成。試運転も完了しなんとか間に合った。試運転が成功したときクラスの第一声は「ホンマに完成した…（感動）」33人中33人が無理だと思っていたものが眼の前にある。文化祭当日は多くのお客さんに乗ってもらい、大きな破損もなく終了した。商大堺初のスイッチバックジェットコースターは学年主任の心配そうな眼差しとは裏腹に、展示部門で最優秀賞を獲得した。

10　担任はあくまでも現場責任者

作業はすべて生徒のみで行った。担任は怪我がないように見守るのみ。残りはNの負担が増えたときは、Nへの声掛けに加え、Nとよく放課後に残り（遊んでいた）クラスメイトへ喝を入れるなど…。

最後の最後まで私が電動ドライバーを握ったのは1度きり。興味本位でやってみたときだけ。以前、高生研でN先生の実践報告を聞いて以来、担任が陰の立役者となり、生徒中心で行う実践スタイルに憧れていた。木製ジェットコースターを作り始める時から生徒にも宣言していた通り、ほとんどの作業を生徒たちが主体的に成し遂げられた。私より生徒がはるかに作業技術を身に着けたことが嬉しかった（心の中でニヤッとしていた）。

文化祭2日前の様子（中間部のスイッチバックができていない、最終のカーブの壁が未完）

〈ジェットコースターを完成させた生徒の感想〉

文化祭の振り返りで感想文を書かせた。一番多かった感想は「ホンマに完成するとは思わなかった」がダントツ。その他にも「高校1年生でこんなにおおきな企画をできてよかった」「Nくんに感謝」等が多かった。

11 文化祭のその後

火付け役だったMは、友人関係がきっかけで学校に通わなくなった時期もあった。勉強が苦手なこともありこれがきっかけで欠席が増えた。休みが続くと勉強にもついていけなくなった。

学年末考査では2科目が単位不認定となり、追認試験となった。試験を受けるまでにも母親が娘の不真面目な態度を見て親子で揉めることも多かった。母親がヒステリックになり、「母親が家で包丁を持っているから学校に行けない」と本人から連絡が入った。学年副主任と家庭訪問をして本人、母親ともに追認試験へ集中できる体制が整った。追認試験を合格し、1年生最終日には全員の前で「2年生は休まずに登校し、商大堺を卒業する」と宣言した。2年生に進級した現在、元気に登校し毎日楽しそうに過ごしている（欠席は不定期で継続中）。

担任目線からはNのその後はとても充実した生活だったと感じている。Nは真面目な性格で放課後も一人で勉強していたが、定期考査前には彼に影響され勉強をする仲間が増えた。また、授業中のペアワークも積極的に自分からアクションを起こすようになったと感じている。周りの友人を信頼し、また自分自身も信じてもらえた経験が文化祭を通して実感できたのではと思う。

4月当初からどの教科担当者からも授業態度について指摘されていた男子生徒2名がいた。2人の生活態度は目立っていた。A・Bどちらも、発達に特別なニーズを持つ生徒であった。文化祭の準備では刃物を扱う教室には入れられないと判断し、教室から出すこともあった。教室から出ていき校舎内を徘徊するなどしていた。教室を抜け出したと思えば、インパクトドライバーで木材をどんどん繋げたり、大きな木の板を協力しながらノコギリで切ったりするクラスメイトを見て、「俺らにもやらせて」と言う。その時は「自分勝手をする人に刃物を持たせることはできない、やらせてくださいと言っても君たちの気持ちよりも他の生徒の安全の方が優先」と話した。

３学期に入り、２人はＣという男子生徒のスマホのパスコードを勝手に変更し、Ｘで成人向けコンテンツを検索した。そのままロッカーへ入れ、授業が始まった。小テスト中に音声が流れていることに教科担当者が気付き、生徒指導事案として２人は停学処分となった。

私は、1年生から2年生へと持ち上がることができず、現在は進学グローバルコースの担任をしている。教科担当として1クラスはアドバンスコースの授業を行っている。昨年担任した生徒は私の顔を見ると笑ってくる（なぜかは分からない）。特にＭは下の名前で呼んでくる（昨年は何度も叱る場面も多かったのに）。

12　1年間を振り返って

文化祭でクラスがまとまって成長できた生徒がいる反面、伸ばしきれなかった生徒たちがいたことは仕方ないと思う。文化祭でもっとＡ・Ｂをクラスに交じらせていたら停学になるようなことは起きなかったのか？

新年度になり、Ａは新クラスでは存在感が全く感じられないくらい静かになっている。Ｂは諸事情により登校していない。不登校傾向にあった生徒２名の内１名は４月末で転学している。私が担任として耐え忍んできたことは何だったのだろうか。結局、クラス運営（文化祭実践）は成功だったのだろうか？

多くの先輩方はＡとＢをもっと文化祭に参加させるべきだったという意見をお持ちだろう。私自身もそう思っているが、もう一度、1年前に戻ったとして、ＡとＢの行動を変えられるだろうかとも思う。生徒たちは、商大堺初スイッチバックジェットコースターを完成させ、最優秀賞を獲得した。文化祭で私が担った役割は、現場監督と交渉役、それだけで良かったのだろうか。

（おおや　ゆか）

実践記録②

もっと沢山意見いいたかったというＨＲになるまでに

和光高等学校　矢澤一行

２０２２年度、部活の指導中に左足骨折の大けがをし、5月4日まで入院していたためゴールデンウィーク明けから1年4組担任として関わることになった。

最初の一か月に関わってくれた副担任などから様子は教えてもらっていたが自分のなかでイメージを持つことはできていない。松葉杖での生活で未だに行動が強く制限されるなかではあったが、焦りすぎることなく様子を見ていこうと自分に言い聞かせた。1学期にクラス合宿と呼ばれる1泊2日の宿泊行事があり、その目標を学級委員は「仲の良い人が固定されているのでいろいろな人と関わること」としていた。ところが、宿泊の部屋決めとレクリエーションのグループ分けが話題になったとき「4組の女子はこのクラスはメンバーが固定されていて、互いに干渉し過ぎないように生活している。そのことで安心・安全な学校生活が保障されている。無理に新しい人と関わろうとすると、クラス内の人間関係が悪くなる。無理に仲良くなろうとしない方が良い」という声が出てきて、レク係の生徒がその意向にのっとり「自由にグループに分かれて」と呼びかけたことにより結局、新しい交流が少ない宿泊行事となってしまった。新しいグループやメンバーとの交流に想像していた以上に警戒心が強い印象を受けた。

2学期の文化祭では「語る」ことを通して、生徒同士がつながる機会を探りたいと考えた。クラス合宿前に行われた個人面談でははじめての文化祭を楽しみにしている様子は伝わってきていた。そこには、いろいろな思いが含まれていた。企画づくりを通じた新しい発見への期待や、自分自身が変化していくことへの期待だけでなく、よりよいクラスになりたいというような集団としての成長への期待をもつ生徒がいることも感じていた。一人ひとりはどうなりたいのか。クラス集団としてどうなりたいのか。こうした関心に応えていく生徒同士での活動をつくっていくために、様々な形式に捉われすぎることなく、自分たちはどんなことを大切に取り組んでいきたいのかを大切にさせたいと考えた。やるべきことをこなしていくこと以上に、個々の思いを語り交わせる場づくりを大事にしようと考えた。そうした語り合いのうえで、例えば、全校生徒会からの呼びかけられる企画書の作成や文化祭総括にも取り組ませていきたいと考えていた。

1 企画決め

はじめは企画案を出すことから始めた。自由に意見を言ってもらう機会であったのだが一つもアイデアは出てこなかった。そこで、その日の放課後に、会議を行い、Googleフォームでアンケート回答してもらう形式に変更した。主には「コーヒーカップ」「縁日」「お化け屋敷」の3案が出てきた。はじめに採決したHRでは「コーヒーカップ」10人、「縁日」6人、「お化け屋敷」8人で、どれも過半数には満たず、再度取り直すと、「コーヒーカップ」16人、「縁日」10人、「お化け屋敷」3人で「コーヒーカップ」に決定した。ただ、コーヒーカップの企画は予算がかかるため、決められている予算を超えてしまう可能性もあり、その場での私の咄嗟の判断で、文化祭委員で検討をして、難しい場合は2つ目に多かった「縁日」に変更することをクラスに了解してもらった。文化祭委員とは私が呼びかけつくった学級三役（T、K、Aなど）と文化祭企画代表(N、Y)と文化祭実行委員（Mなど）で構成する委員会である。三役が調査してコーヒーカップは回転しないものであれば、予算内で収まることがわかり、コーヒーカップで進めていくことを明日のHRでクラスに伝えようということになった。

全体に「コーヒーカップ」の企画を進めていくことが伝

わった。Oが個別に文化祭委員に「私、設計図書いてもいいよ」と出てきて、文化祭委員も快くお願いしていた。私は、コーヒーカップは企画の規模が大きく経験したことがなかったので安全な制作ができるのか、そもそも完成できるのか、なにより生徒たち自身で責任を持つ動きにできるのか、など心配があった。全校生徒会に提出する本企画書の前に、安全な設計図と本企画書を書ける人達が出てくれれば良いが、出てこない場合は文化祭委員（三役、企画代表、文化祭実行委員）だけに負担がかかることが予想されて、そうはしたくないと考えてもいた。文化祭委員メンバーは「縁日」であればイメージがつくりやすく音頭をとれるとも考えていた。文化祭委員内では第2案の「縁日」をより楽しくするための工夫まで考えていた。委員長のTは和光中から進学した生徒で、中学時代は副委員長を経験していたが委員長は初めての挑戦であった。彼はその経験からかリーダーの判断として「クラスから肯定的な評価を受けること」にとても敏感になっていた。彼の中で育まれていた委員長像からなるべくクラスが多数決的な意味で一番希望している企画案を実現させたい気持ちが強いようであった。そうした文化祭委員の様子をみて、翌日の朝の会の後に集まってもらい、担任が思うコーヒーカップ企画における懸念を伝えた。「コーヒーカップ企画が形として完成する可能性はあるが、文化祭委員でさえどう準備を進めていけばいいのか具体案が持てない中では責任を負えないのでは」と問いかけた。文化祭委員にもその不安が共有されたのか次のＨＲにて「一緒にやってくれる人はここで手を挙げてください」と呼びかけることになった。結果的に、4時間目のＨＲではOをはじめ他4名の生徒が文化祭委員のメンバーに加入することになり、コーヒーカップの企画を進めていくこととなった。

2　企画名決めのＨＲ

10月下旬、文化祭の準備期間に入る直前で企画名を決める必要があった。企画代表のNが文化祭委員のＬＩＮＥグループで「明日、企画名を提出する日だ。どうしよう」と呼びかけた。そこでは「最後の晩餐会」「君との晩餐会」などが出たが、ホラー要素をより取り込みたいということでOがぼそっと「思いつきだけど、魔界の晩餐会はどうだろう」と出した。企画代表のN、Y、他文化祭委員も「それ、いいね！」ということになり、翌日のＨＲで企画代表のN、YからHRで提案するということになった。私はインフルエンザにかかり、そのHRには立ち会えておらず、以下は副担任や他生徒からの伝聞である。いざそのHRで企画名を出した時に、クラスのメンバーが考えている企画のイメージと文化祭委員で考えていたものが異なり、女子の中で発言力のあるSから「なんで魔界なの？そもそもホラー企画なの？」という質問がでたらしい。企画名を「魔界の晩餐会」と提案した理由について問われた企画代表のNとYは、Sの反応をうかがいながら「どっちが言う？」といった感じで困った顔を見合わせていたという。しばらくして、NはSに同調するような形で「私も実は魔界のイメージじゃないんだよね」と発言したという。文化祭委員のOにすれば企画代表2名から裏切られたような気持ちになったのだろう、その場で涙してしまう。近くの男子が「良いアイディアだと思うよ」と慰めていてらしいが、クラス集団としての成長を意識し積極的に関わっていたO本人の気持ちを考えるとこの出来事は相当落ち込んだに違いない。その場をおさめようと学級委員長のTはこれがOの責任ではなく提案自体にクラスの意向をくみ取れていなかった問題があったと感じ、委員長としてクラスに謝罪した。Sには特に対案があったわけではなく、結果的にはOの出した「魔界の晩餐会」で行こうとなる。

週明けの月曜日、インフルエンザから戻った私は様子が気になっていたものの、Oの表情は思っていたよりも暗くない。文化祭委員の会議で話題になるかと様子をみていたが、企画名決めのことを特に話題にすることもなかった。それよりもメンバーは企画書と設計図の完成に焦っていたためNとYの言動については話題にもならなかった。NとYとしてはSの発言力、影響力が強く、Sに嫌われると、自分の居場所がなくなるというような警戒心があったのだと思う。SとNのこうした様子は1学期から見えていた。体育祭実行委員であったAが会議を自己都合で勝手に欠席することについて同じ実行委員であったSが不安に思い、Nとともに周りも聞こえるような声でAをイジルような言動があり、私だけでなく周りも気に掛けていた。しかし、文化祭直前のこの場面で私はNに企画名を変えたことについて問い詰めることはしなかった。AをめぐるSとNの言動については、指導対象となっていたこともあり、その際の様子からも干渉されることに過敏に反応する傾向があり、また私に対してもそれ以前からすこし距離を置くような、態度や言動を感じとっていたからでもある。Oは変わらず生活できているようすが見えていたので、その場にいなかった私が、今とても忙しそうな中でNに迫ってもNの奥底の思いを聞かせてもらえるとは思えなかった。

3 文化祭準備期間

文化祭準備期間に入ったある日、企画制作班の中心メンバーであったTとKが体調不良で休みとなりリーダー不在の状態が生まれてしまう。当日作業について指示がないため、クラスの半分近くが何をすれば良いかわからない状態となった。その他の内外装とパネル班は準備がどんどん進み、私に「コーヒーカップは完成するの。何か手伝うことはない？」と完成を心配する声も届いていた。しかしこの状況を明らかに悲観したり、またリーダーであるTやKに対して文句や不満をいう声は私には届いてはいなかった。TやKの代わりに指示を出す文化祭委員のZと話をするも、ずーっと考え込んでいる状態であった。企画制作班には文化祭委員のOもいるが、完成図はTとKしか理解していない状態で、文化祭委員の中でも細かくは共有されていなかった。Zは「TやKばかりに頼ってはいけない。自分でなんとかクラスに説明できないといけない」とどこか自分にプレッシャーをかける傾向が強く、しかしまた自分が具体的な見通しを持てないと動けないというような行動傾向があった。Zには企画制作班が動き出すためにまずは文化祭委員で相談したらどうかと促し励ました。まずはこの状況でZは文化祭委員のメンバーに何を言うべきか、何が言えそうか、探っていった。Zの思いがうまく言葉にならないことは私もわかっていたが、困っていることがまずは周囲に発信できればいいと思っていた。だが、想像以上にその行動がとれない。TとKの体調不良までは予測できてはいなかったが、2人ともクラスの反応を警戒してしまう傾向が強い様子からも、情報がうまく共有されずに、こうした事態になる可能性は予想できていた。リーダーであるTはどちらかというと語り役、語るのが苦手なKは頭脳としての役割を果たしているように見えていたが、まわりを巻き込んでいくことを苦手としている様子が感じ取れていた。その際、Zがその代わりになるだろうことは見えていたし、またZ自身の言葉でまわりをある程度動かしていけるであろう多少の期待もあった。私は、Zに、昼食時間に臨時HRを開き、コーヒーカップの制作状況をクラスに伝えることを提案した。その前に文化祭委員会を開いて、Ｚの口からコーヒーカップの制作状況をみんなで聞く機会を持った。文化祭委員の中ではＺも自分の言葉で話すことはできていた。臨時ＨＲの進め方を確認して、昼食を取りながらの臨時ＨＲを迎えた。Ｚがクラスの前に立って説明するのだが、話が長くまた声が小さくうまく全体が引き込まれるような場にはならない。Ｚにとってクラス全体に話すことは想像以上に難しかった様子を私も学んでいた。昼食時であったために席の近い人とおしゃべりしたり、スマホを触っている人もいて、Ｚからすると自分の話を聞いてもらえていないというようすのほうに意識が向いてしまう。特に女子のＳが気になってしょうがない。「スマホやめて話聞いて」と伝えるものの声が小さくＳ本人に届かない。静かに聞いてもらえるものと考えていたＺは自分の話を聞いてもらえないというような感覚と、聞いていた男子から「とりあえず困っている中身を教えて。話を進めて」と言われている渦中で、泣き出してしまった。Ｚは普段一緒に過ごしている男子生徒に寄り添ってもらい、気持ちを持ち直すことができ、午後の準備に取りかかることができた。Ｚの思いがうまく受け止められる機会にはならなかったが、企画制作班が困っているというメッセージは充分に伝わる機会になっていたのだと思う。このＨＲを経て、企画制作班の進捗に関心を持ち仕事を手伝う人が出始めた。またこの日は午後から体調が回復したＫが登校したこともあり、木材カットや乗る台車の車輪のねじ止めを手伝うなど声をかけ始めるようになった。少しずつ生徒同士が声をかけあう機会となっていった。

4 文化祭本番

前日に準備の呼びかけを行い、この日は朝早くから多くの生徒が準備にとりかかっていた。無事にコーヒーカップが完成し動いた時には教室中で歓声が沸いた。たとえ10時の文化祭開始に間に合わなくても余裕をもって10時半開演でいこうと委員長Ｔの呼びかけをクラスの生徒も了解していた。学校による安全点検を受けて10時半から営業開始した。ただ、30分または1時間毎にコーヒーカップの車輪が故障したり、段ボールが剥がれたりしたが、何とか修繕しながら1日目の営業が終了した。企画は外来者にも他クラスにも大評判で盛況だった。２日目の営業のため、車輪を改良して翌日の営業に備えその日は解散した。この様子に私も喜んでいたのだが、初日の様子から企画の安全面が気にかかっていた。コーヒーカップを試行錯誤で作り上げた達成感で満足している生徒の苦労には共感しながらも、それを乗りにくる人が怪我するようなことがあると、これまでに築いてきた生徒たちによる活動の成果が壊れてしまうのではないかという気持ちが湧いていた。初日が終わり、疲れ果てて帰宅したその日の夜、私はコーヒーカップ企画を運営する上での安全面における注意事項を記載した「営業中止に関わるガイドライン」を作成した。この作業までを文化祭委員にお願いすることは現実的ではないと捉えていた。翌朝、文化祭委員に集まってもらい提案した。彼らはガイドラインを受け止めてくれ、営業前の朝の会で読み上げ、クラスの生徒も了解していた。迎えた文化祭2日目。無事にスタートしたが、開園20分後、アクシデントは起きた。コーヒーカップの支柱の支えが壊れてしまった。もともと、支柱の支えに合うねじが調達できず、小さいねじと木材で止めていたが、固定が甘く、壊れてしまった。今から大きいねじが調達できないうえ、修繕する予算や購入する時間もないために、修復を断念することをTやKやO、またその場でコーヒーカップのシフトに入っていた生徒で話し合って決断し「営業を停止する」という判断をクラスLINEに流した。私はもし修繕ができなくなってもフォトスポット企画に変更してはどうかとも考えていた。せっかくあれだけの時間とエネルギーと思いが折り重なった企画である。形だけでも来場者に見てもらいたい、そんな思いがあったのだと思う。しかし言わなかった。停止判断に至る生徒たちのやりとりに参加していて、これは自分たちの企画であるというような集団的な思いをそこから感じとった気がしていたからである。実行委員であったMは、TとKやOがその場にシフトで入っていた生徒と話し合い、修繕が現実的に難しく成果が不明な中で文化祭という有限の瞬間を楽しんでいるメンバーを集める意味はないだろうというやりとりが交わされる過程に感動したと振り返っていた。

5　文化祭後の振り返り

例年通り、文化祭の振り返りを行っていく時期になっていた。総括に関わっては、私を含め、特に論点を持っている生徒はZぐらいであった。Zは総括の場で言いたいことがあると三役と私に訴えてきた。「話をあまり聞かない人がいた。自分が話したときも聞いていない人が多かった。そのことで文化祭準備期間に悪影響があった」という主旨の訴えであった。この思いはリーダー役をつとめた文化祭委員メンバーにも共感を得ていた。リーダーが先導し、負担と責任がリーダーに偏り、他集団はその指示に則って動くしその責任は負わない。そういう動きにはしたくないと動いてきたが、それでもリーダー集団と他生徒たちという構図は残念ながらできあがってもいた。

和光中出身のTは、行事ごとに総括するのは当然のことと考えていた上、Zの訴えもあり、全校による文化祭総括の前に「4組としてのクラス総括をしよう」と三役会で話題にした。具体的には、三役内でアンケートを作り、回答してもらう。その回答を文章におこして、三役の意見も添えて読み合う。ただその際一方的に読むのではなく、Zが気にしていることについても、できる限りクラスから意見を拾いたいとの願いから、項目ごとにクラスに意見を聞いてみるというHR案がつくられ、クラスにも提案し、了解された。その実現に向けて、Zの訴えをクラスに誰が、どのように出すか、三役会で時間をかけて話した。いざHRでは、まずZの思いがまとめられた訴えを委員長のTが代弁し、自分たちで決めた項目（企画案決めについて、企画名決めについて、役割分担についてなど）ごとにアンケート回答してもらい、プリントにして配付し、読み上げた。Zが出した文化祭委員も共感している訴えを、次年度繰り返さないために、という意識が、形式を超えた振り返りの場づくりを動かしていた。企画案決めのHRでは一つの意見も出なかった集団の総括は、終了のチャイムが鳴っても次々と手が上がり、意見が出てくる場となった。HRではあきたらず、帰りの会の後もMをはじめ、普段発言しない生徒から「もっとたくさん意見言いたかった」という感想が見られた。このHRを振り返り、Tは「たくさん、発言が出たのは良かった。ただ、発言するメンバーが決まっていたこと、Zの言葉を受けて、S自身、どのように思ったか、Sの意見を聞きたかった」と、総括としてはもう一歩であったという感想を漏らしていた。文化祭2日目の営業中止の判断について、Sは修繕して営業を再開するべきだったと考えているようだが、総括のHRでは意見を述べていない。

この総括は、私の教員経験上でもはじめて、生徒たちのことばが、自分たちのためにという意識のもとに活発に交わされたHRとなった。クラスみんなが参加しているなと感じたHRであった。

（やざわ　かずゆき）

特集2　生徒の〈リアル〉に届くには

実践記録③

差し出した手を繋ぐように

和光高等学校　島村香子

和光高校では教科外教育の一つで、国際交流委員会が有志を募り1年間を通した交流活動をしている。２０１９年から韓国ハクナム高校との交流が始まった。公立ハクナム高校は韓国受験体制に対して勉強以外の取り組みを積極的にしている実験校である。２０２３年、私は10名の生徒と韓国に到着した。当日、先方の教員より準備してきた交流テーマに変更を加えたい旨が伝えられる。話しあってきた生徒の意向は無視できない。和光生に相談すると「あきらめたくない」と動き出した。和光生がどうテーマを準備してきたのか、また、当日のテーマ変更という申し出に、和光生がどう対応していったか述べていきたい。この出来事までの実践記録である。

1　国際交流の準備過程

【準備会①】10名との話し合い

参加理由を読むと初めて参加したNからは「自分とは違う人と意見を交わすことは自分の視野を広げる。勝手な常識を作らないことが大切。ロシアとウクライナの関係と日本と韓国の関係と同じではないか。反日教育はどうなのか知りたい」という言葉があった一方、昨年度のメンバーからは「自分と相手だから話せる、そんな話ができるように頑張りたい」と経験に基づく意気込みを読み取ることができた。1年生3名、2年生4名(内3名は昨年度参加者)そして3年生3名がメンバーとなった。

10名が集まった最初の準備会は、和光生同士が知り合うことを目的に「参加した意図」を語り合おうと提案した。その際、それぞれが語る内容に意識的に応えてみようと言い添えた。いざ始めてみると、発言に対し「そうなんだ」と共感できてもその先は続かない。その発言に至った経緯に繋がる問いが出てくると、まだその人が表現していない思いに触れることになる。でもその問いかけを意識させることが技能的な課題のように受け止められては逆効果でもある。不可欠なのは相手に興味を持つこと。私も一人の当事者として質問を投げていった。

Nが「歴史問題をやりたい」と話すと、「私も歴史に興味がある」など共感の声が上がり、嬉しそうなNだった。私は「難しいテーマに挑戦して凄い。でも安易な話し合いは緊張も高くなる」と思いつつも、歴史問題については共感だけでなく、具体的な方法を見いだし和光生で合意を作れるかがポイントになりそうだ、と感じていた。しかし私の中でも具体案が見えず曖昧なままだった。次回までに「自分の疑問や話したいことを明確にする」ことが宿題になったが、そこで具体案のかけらが出てくるのを祈るばかりだった。

【準備会②】第一回オンライン交流目的を探る

運悪くNは欠席であったが、準備会では生徒それぞれの疑問や話したいことを共有していった。改めて「交流会の進め方」を迫った。すると昨年度経験者からオンライン交流での失敗談が次々と出てきた。「オンラインでは全ては伝わりきれないし、分かりあえない」「反応しない限りは気まずい時間が流れるだけ」「話したテーマは覚えていても相手の名前が分からない」などが出た。「じゃあ今年は？」と聞くと「オンラインは準備。本番は現地で会うこと。そこを重視したほうがいい」「名前を覚える」「オンラインでは情報を出しすぎず、足りないくらいがいい」「質問をしながらお互いに興味を持つことで話が続けられる」「話し合うテーマはハクナム生に投げて、オンライン上ではすぐに決めないでお互いに持ち帰る」という意見が出てきた。これには驚いた。人とつながる意味をオンライン交流であっても自分達なりに見出していたからだ。情報交換よりも直接会うことを重視し、名前で呼び合い、やりとりを増やす、テーマを先方にも集団的に考えてもらうなど、一過性ではなく継続した繋がりを作ろうとする意欲が伝わってきた。「韓国対日本ではなく、個々人に興味を持つことで深い話に繋げたい」といった発言には、私が気づけていなかった昨年の生徒たちの学びをようやく発見できた感覚でもあった。

第1回オンライン交流とその振り返り

90分の交流会は大興奮だった。和光とハクナムが用意した内容をそれぞれ交流し、次回の交流内容を決めて終わった。ハクナム生は現地日程をプレゼンし、和光生の希望を取り始めた。やりとりを続けることに注目していた和光生は日程の話に動揺していたが、自己紹介を兼ねつつ相手との繋がりを探していった。ハクナム生からも質問が次々出て、応答表現も大きかった。参加した20名全員の名前、見た目の特徴や発言の内容をメモする和光生も現れた。次回はやりとりを増やすために、小グループに分かれることをハクナム生と決めて終了した。次の日には感想を和光生で読みながら「振り返りの会」を行った。生徒たちは日韓アーティストや日本文化など、同じものを共有していることに喜んでいた。

全体の振り返りは終わったが、そこでほとんど発言しなかったNが気になっていた。彼女は「オススメの観光場所に歴史的なものも多かったから、歴史が好きな子がいるのかな?だとしたら、少しはそのことについて話せるかも…と思った。相手が嫌なことはしたくないから、私はとっても日韓問題について知りたいけど、様子を見て話すかどうか決めていきたい」と書いていた。しかし誰も話題にしなかった。なぜNも話題にしなかったのだろう。次の準備会で話題にしない限りは生徒同士がわざわざ話し合う可能性は恐らくないだろう。強引に私が話題にするなら生徒は忖度し、気を遣いながらこの話題を「取り扱ってくれる」ことになってしまう、と思った。彼女はどう考えているのか、聞いてみる必要があると思い、後日帰宅準備中のNに声をかけた。「どうして振り返りの時に発言しなかったの?」「みんなの反応を見て、自分の意見になんか興味がないんだなと思ったの。だから自分がこの会へ参加する意味がないなと感じてて」「確かに他の人からも応答なかったね。自分だけが歴史関係をやろうとしてると感じたの?」「多分私だけだと思うよ。だからって他の案に興味があるかと言われたら、一緒にはやれるけど…あんまり積極的にはなれないって感じ」「どうして歴史に興味持ったの？」「お祖父ちゃんが大学で朝鮮の歴史を教えていて小さい頃から話を聞いてたんだよね。だからかな」「それはすごいね！じゃあお祖父ちゃんとずっとこの話を？」「そんな感じ」「じゃあ高校生同士なら何を話せそう？」Nの手が止まる。「…やっぱり歴史認識のズレがどうして起こるのかということ。私たちが受けてる教育をもう一度見直す必要があるんじゃないか、でもそれは大人と話してもダメだと思うの。高校生同士だから話せるんじゃないか、話した方が良いって思って参加したの」「それは確かに高校生だからやれそう。でもそこに行き着く前に、和光生の壁があったわけだ」「そう。だから嫌になっちゃった」この手の話は蓋を開けた後の恐怖感はみんな一様に持っている。でも「高校生だからやっても良い」と強く推せるほど、私にも自信はなかった。だから生徒同士が考える土壌を作るのが大事だと思った。「…ねぇ、やっぱりこのテーマを次回の準備会でプレゼンしてみない？歴史問題やりたいと言ってくれたメンバーもいたでしょう？」「そういえば…いたね」「このことはやっぱり気持ちのある人が訴えないと、みんなには届かないと思うのね」「私の気持ちはあるけど、みんなは興味ないんじゃない？」「このテーマは大人でもどう扱うか迷うよ。だからみんなにとっても不安やモヤモヤはあると思う。でもプレゼンしたら一緒に考える機会にはなるよ」「考える機会を私が作るの？」「この交流会は自分で作るからね。Nに共感する仲間を作って、ハクナムにも投げて、一緒に考える仲間を大きくしていくことに意味があるんじゃないかな」「仲間を作るの？」「どう？そんなイメージ」「う〜ん…」「それとね、具体的な話し合いの進め方を一緒に提案しないと難しいと思う」「気持ちだけじゃ大人と同じように言い合いになっちゃうものね」「そうね。それに N も日韓どちらかの歴史の正しさを決めたいわけじゃないでしょう？」「うん。だから一緒に教科書を読もうと思ってるの」「教科書？」「そう、歴史認識は学校で作られると思うから、同じ出来事でも韓国と日本の教科書を見比べて、どう表現しているかを知り合うのはどうかなって思って」なるほど、これなら高校生でもできそう。彼女の視点に感銘しつつ私も不安が晴れて期待が膨らんできた。「それ素敵じゃない。良いアイデアだね！」「そう思う？」「そう思う。ならまずは和光生の仲間を作ろうよ。Nの気持ちに応答する人がいると思う。だから今度の準備会でプレゼンしない？」Nはまだあまり乗り気じゃない顔。でも最後には「考えてみる」と帰っていった。彼女の頑張りにかけるしかないと思った。

【準備会③】第2回交流会内容を検討

宿題であった「現地での活動」について考えてきた内容を発表しあった。共有された内容には「折角現地へ赴き高校生に会うのだから生の感触を確かめたい」といったものが多く、黒板に書いた意見が一杯になった。その時Nがそっと手を挙げて発言し始めた。話し合った内容であった。すると数名が顔を合わせて言いづらそうにモジモジとしていた。「うーん、気持ちは分かるんだよ。だけど歴史問題って難しいって思ったの」「難しい？」「私もそう思う。話し始めたら関係が悪くなりそう」「どんな感じに？」「交流するわけじゃん？だから仲が悪くなったら意味ないな、みたいな」「会話が止まっちゃうとか？」「そうそう。その後どうしたらいいか分からないし」「大人達だって上手くできないじゃんね」とやりとりが続いた。そこでRが「私、興味はあるんだよね、そういうの。折角のチャンスかもしれないけどどうしたら仲悪くならずにできるんだろう」と問いかけてくれた。話し合いが始まった。「ちょっとした言葉の綾で印象が悪くなったりして。違う言語同士なのに微妙なところを理解し合えるのかな？」「それってお互い様じゃない？」「ねぇ、何でNは教科書に注目したの？」「教科書はその国がその出来事をどう教えたいかってことだと思うの。人によって事実が違うように歴史もそうだと思う。でもどっちが正しいわけじゃなく、同じ出来事をそうみているんだねって知り合うの」そこで「私が何を知っているかではなく、相手の何を知らないのかをお互いに言葉にする感じ？」と聞いてみると「うん、そんな感じ！これから両国がより仲良くなっていく為に、お互いに学んだ際に感じてきたことを伝え合うことで、相手の捉え方を知り、この先で衝突が起きないように考えたいの。」すると何人かから「それいいね！」という発言。さらには「やりたい！」という声も。Nの顔が高揚して綻んでいき、聞こえないくらいの声で「やった」と呟いていた。

しかしその時「私は不安だな」という声が出た。「だってハクナム生はどう思っているか分からないし。でも大事な気もするし、どうしたらいいのか分からない」すると「じゃあハクナム生にも聞いてみようよ」と意見がでた。そこで私も「みんながやりたいディスカッションは一方的な思いではできないよね。ハクナム生の同意がないと本当の気持ちは聞けないかも。だから何故このテーマなのかを呼びかけたらどう?やろうよとハクナム生を励まして、巻き込んで同意を得たらどう?」と踏み込んだ。すると「具体的な案があった方がいいと思う」とNが応答してくれた。そこから4つのテーマ①校則②将来の夢③日韓両国のこれから④歴史教育、に分かれて話し合い方法を具体的に考えていった。

第2回オンライン交流の目的は現地交流内容を決定することだった。事前に投げられたハクナムからの要望は「学年ごとに分かれて自由時間に行きたい場所」という提案だった。それに対して和光生の疑問は、「なんで学年ごと?」「なんでやりたいことじゃないの?」であった。LINEを利用してその場で理由を聞いたところ、ハクナム生からは「1年生はうるさいから」「3年生は怖いから」「2年生はこういうもの」と学年それぞれの返答が返ってきた。自分達にはない感覚についてはは質問することを決め、第2回オンライン交流会に臨んだ。

第2回オンライン交流会

現地日程に関してハクナム3年生から説明があり、その後は自由時間の内容について各学年から提案があった。結果的に和光生も相手に乗るのも面白いかもと学年毎に分かれることになった。ディスカッションについてハクナム生からの提案はなかった。事前に和光側から提示はしていたが話し合ってもいない様子だった。改めて和光生が4つのテーマを説明したがハクナム生からは概ね任せるという返答だったので、内容説明に気合を入れていた和光生は拍子抜けだった。「学年毎にディスカッションしたい」という要望には参加希望のテーマ毎に分かれたいと返答し、現地でグループ分けすることを確認した。進行役として全ディスカッションの司会を和光側が引き受けることとなった。交流会後、和光生で振り返りをした。ハクナム生がディスカッションに積極的でない様子に残念そうであったが、「歴史教育」に質問が出たことに希望を持てたようだった。一方で和光生が気がかりだったのは学年の壁であった。ハクナム生はオンラインでも画面が学年別に3つに分かれており、とてもお互いが話しあっているようには感じられないという意見が多く出た。「一緒にどうやって話しているんだろう…」「話し合える人同士で話すんじゃない?」「だから学年ごとなの?そこだって意見は異なるでしょ?」など、話し合いをしたい和光生からすると現地ディスカッションも表面上のやりとりになりそうな不安があった。この不安を疑問に変えられないだろうか。「今感じたこと、現地でどうやって確かめたらいい？」と聞いてみた。「校則チームが聞けるかも」と意見がでると「学校生活で何をどうやって決めているかとか聞けるじゃん」など少し前向きな声が続いた。「ハクナム生を巻き込もう」と働きかける意識が芽生えていた。

2　ディスカッションへの変更提案を受けて

釜山空港にてハクナム高校生約20人が歓迎をしてくれた。バス移動の道中でハクナム高校の先生からディスカッションの変更希望が私に伝えられた。４つのテーマの内「将来の夢」と「校則」の２つに取り組み、「歴史教育」や「両国の将来」は出来たら取り組むということにしないかという話であった。また交流会で聞いていた予定よりも多くのイベントが企画されておりディスカッションを予定通り２回組むことが難しいという旨だった。この変更は「ハクナムの生徒が決めた」とのことだったが、予定外のイベントを作ったのは教員だった。どんな意見が生徒から出たのかと尋ねると、「気まずい関係になりたくない」「意見が食い違いたくない」であった。オンラインでは反応できずに不安が高まったのかもしれない。ハクナム高校では生徒個別の相談を教員が解決する傾向が強い学校であることを思い出した。でも生徒同士で話し合ってきたことをおざなりにはできない。これはあくまでも提案として引き取りたいと伝え、ハクナムの先生方も了承してくれた。移動途中の休憩時に和光生にやり取りの内容を伝え、考えておくようお願いした。ハクナム高校に到着後、すぐに和光生は立ち話で話しあった。どうするか聞くと「どういう気持ちでその結論なのか聞きたい」「自分たちの理由を説明したい」という意見が多く出た。和光生には気持ちがあった。すでに移動中のバスで隣に座るハクナム生から思いを聞いていた生徒も多く「歴史の話は怖い」「仲が悪くなりたくない」「将来はみえない」という声も紹介された。再度ハクナム生に対してディスカッションの意図を説明、グループの作り方について一緒に考える時間を要望しようと決定し、それぞれホスト家庭の元へ向かった。

相手を巻き込もう

要望は受け入れられ学校訪問初日に設定された。大講堂に集まりディスカッションについて説明する場を開いた。和光生たちは各テーマを設定した理由とその進め方を自分の言葉で説明した。ハクナム生から質問は出なかったものの先生を探す不安気な様子がみえた。すると一人のハクナム生が「考える時間が欲しい」と要求した。どう考えるのかが分かれ道だと思ったので、急いでテーマごとに分かれてはどうかと提案し、４つのテーブルを出してハクナム生が興味のあるところに移動して和光生と直接やりとりする形にした。ハクナム生もおずおずと出発し、あちこちのテーブルでディスカッションの予備討論が始まった。事情を聞く中で彼らにも迷いがあることが分かったが、それは渡韓する前に自分たちも探ってきた内容だった。和光生は今まで話してきた経過や、「正解を探すのではない」「違いは何から生まれるのかを探りたい」など挑戦したい意図を伝えていった。そして再度４つのディスカッション実施について問うたところ、満場一致で合意できた。その後グループに分かれてみると、学年も友達も関係なくハクナム生が参加していた。これには本当に驚いた。ハクナム生も自分で考えて動くチャンスさえあれば学年の壁を越え、友達の縛りをも越えられるのだ。和光生の働きかけからも見えてくるものがあった。彼らは相手の不安な気持ちに共感し、たとえ異なる意見であっても知り合おうと声をかける姿があった。和光生が差し出す手にハクナム生が手を差し伸べ、手と手が繋がるかのようにお互いの関わりがとても自然で、一緒に一歩を踏み出している感じがよく伝わってきた。お互いの関わりから相互に影響を受け、和光生もハクナム生もこれまでの自分を越える姿がみられた。テーマ「歴史教育」は参加者が最も多く10名となった。その後４つのディスカッションは最終日にも3時間通して行われた。お互い応答する喜びを感じながら、更に問われる経験になったと両校の感想から感じられた。帰国後オンライン交流もあったが、現地を超えることは難しかった。それでも充実して話し合えたのは「歴史教育」チームであった。毎回調べるテーマを決めて深め続けられた背景には、彼らがお互いに違いを受け入れ理解しようと務める努力があったからだと感じている。Nは最後にこの経験を「相手に配慮はしつつ、自分の考えていること、学んでみたいことを伝えることの大切さを学んだ。伝えてみないと相手がどう思うのかは分からないし、自分からアクションを起こさないと学ぶ環境は作れないと分かった」と振り返った。

（しまむら　こうこ）

特集２　生徒の〈リアル〉に届くには

実践記録④

夜間定時制でのＲを巡る３年間

公立高校　渡部翔子

１　はじめに

３年前、全日制高校併置の夜間定時制高校に異動した。生徒は、４学年各1学級で、全校生徒30人程度である。

異動してすぐに担任したＨＲ１学年の当初の在籍生徒は男子10名女子２名。12名の内、外国ルーツの生徒が２名おり、それ以外は全員が不登校経験者だった。生徒会担当にもなったので、少しでも楽しい場所にしたいと思い、コロナでなくなっていた行事を復活させたり、生徒の要望を受け、軽音楽同好会を立ち上げたりした。

私のＨＲは、体育の担当者から「指示に対してちぐはぐな反応をする子が多くて大変だが、持久走で先にゴールした子たちが、まだ走っている子たちに伴走して声を掛けるようないいクラスだ」と言われることもあった。不登校であったことを後悔するくらい、学校も、勉強も楽しいと言う生徒がいる一方、勉強嫌いで、コミュニケーションを取ることが難しい半数の生徒たちにとって学校は魅力ある場所にはなりきらず、１年次に６人が進路変更していった。

中でもパキスタン人のＡは、明るくて、体育委員にも立候補し、陸上部でも頑張って、周りからも慕われていた。私の思い描く4年後の卒業式に必ずいるはずの生徒だった。なのに、あまりに急に退学が決まり、ショックと涙が隠せない私と駐車場で別れ際にハグして「俺はもうこれ以上頑張れない。これで楽になれるからいい。先生はこれからも頑張って、他の生徒を支えてあげて」と言って去っていった。「油まみれで働き、家でシャワーを浴びてから、風の中自転車で通うのがこんなに大変だとは思わなかった。4年間乗り切るには風が強すぎる」という退学理由が胸に残った。

2年次4月に近隣高校からT、3年次にフィィリピンからMを迎えた。だがMは言葉の壁と父親のDVが原因で、1月末に帰国したため在籍数は7名になった。

2 HRで唯一の女子Rについて

HRで唯一の女子Rの不登校歴は最も長く、小2〜6年までと中学校1年の後半から卒業までの間、ほぼ行けても相談室までという状態で過ごしたという。九九や基本的な漢字、アルファベットがほとんど身についていない。学習と愛着に課題をもっていると思われる。ストレスが掛かると自分で髪を抜いてしまう「抜毛症」も抱えていた。家庭が複雑で、同じ敷地内の別棟に暮らす祖母以外にリソースが見当たらない。

4歳の頃、両親が離婚。3つ年下の妹を連れて母が出ていった。幼いながら、Rは父親を一人にしては可哀想だと自ら父の元に残ることを選んだという。入学前の説明会等は父親の恋人Nが来ていた。Rとの仲は悪くはなさそうだった。妹だけを連れて出た母親の新しい家庭が橋を挟んだ隣町にあるらしく、母親に呼ばれ、週末泊まったり、家族旅行に連れて行ってもらったりすることもある。Rと暮らしながらそれを許せる父親を、最初の内は寛大なのかと思ったが、途中から娘に対する関心が薄いだけかもしれないと思うようになった。Nとの同居は一年前からで、ある日急に一緒に住むことになって驚いたと後に語ってくれた。外食も、ドライブも父とNの2人で楽しみ、Rはほとんど誘われないそうだ。

時々会う母親は娘の高校生活を応援する姿勢が皆無である。「女は若い時しか稼げない。18になったら学校辞めてキャバ嬢になれば」と言い、校則で禁止のネイルを娘の指に施したり、小学生の異父妹に登校渋りが見られると、考査期間中でも構わずRを呼び出したりする。Rは母の新たなパートナーに対しても、自宅では父やNに対しても非常に気を遣っている様子だった。そのくせ、最もRを気遣い、車で往復2時間の道のりを痛む膝で運転し送迎してくれる祖母に対しては、少しの小言で「祖母から虐待を受けている」と警察に通報してしまうこともあるほど、祖母に対する態度はぞんざいである。これらの情報は、Rが4コマの授業を受けている間、駐車場の車中で待っている祖母を、時々温かいペットボトルのお茶などを差し入れながら尋ねて行き、少しずつ世間話をしている内に得たものである。

Rを最も気にかける祖母を警察に通報したという話を聞いたときは、衝撃を受けた。「自分だけが、Rを叱ってやれる存在だ」と厳しくする祖母も、身の回りに確かなものがなくて、頑張るエネルギーをどこからも得られないRも、どうにか支えられたらと思った。祖母に宛てて、日頃のお祖母さんのしんどさを労り、お祖母さんはRの100%味方でいてあげていいと私は思うということ、「どうしてあんたは…」ではなく、お祖母さんを主語にしたアイメッセージで話した方が、Rに届きやすいかもしれないことなどを書いた手紙を渡した。

2学期半ばに、Rの登校する根拠であったYが退学した。ますます休みがちになったRは、学期末までに情報の欠時数が7時間超過した。他に2科目が残数0となり、辞めてしまうだろうと誰もが思っていた。

「もしかして、進級すること、半分諦めちゃったのかな？」とLINEで送ると「諦めてはいませんよ～」と返ってきて意表を突かれた。大幅に時数超過しながら、中退せずに進級しようとする生徒は前例がなかった。内規では「年度末に欠時数超過科目と欠点科目が合わせて2科目以内であれば、欠時数の1・5倍の補習を受け、必要分の課題を提出することで修得が追認される」ことが決められていた。情報の担当は非常勤講師だったため、「1月からは無遅刻・無欠席で正規の授業を受けた後、担・副が実施する放課後補習をすべて受けること」を条件に、超法規的措置が職員会議で承認された。「特別な計らいで補習授業を実施するが、生活を改めなければ実現は難しい、ある意味『奇跡を起こす必要がある』こと、それには本人だけではなく家族の力も必要だ」ということを伝えるため、2学期末に父親とRと私で面談をした。そこで、初めて10段階評価の「3」の位置が認識できたようすのRは「私やばいんじゃん」と初めて焦りを見せ、3学期は授業態度を改め奇跡の進級を果たした。

3　Rの変化

勉強は苦手で大嫌いだが、11月から生徒会の執行部に入り、予餞会の教員メッセージ動画の撮影担当を買って出て、時間を逆算し「講師の先生の出勤日に合わせて、撮影をお願いしに行く日を決めるから、先生方の名簿がほしい」と要求し、段取りをつけ、当日も司会をしたりと大活躍した。また、2年生になってから入部した陸上部では全国大会出場を果たした。その練習に初参加する前の週に、巻き込んで一緒に入部することになっていた外国ルーツのDに「突然参加して気まずくなるより、前もって挨拶しておいた方がいいんだよ」と声をかけ、一緒に先輩たちへの挨拶回りをする姿に驚かされた。

1年次の3学期から給食時は職員室まで来て、私とお喋りしながら給食室まで行くのが日課となった。GWに出かけた家族旅行のお土産をクラスに買ってきたが渡し方がわからず私に相談にきた。Rの中で意識が変わりつつあることを嬉しく思った。

文化祭HR企画でも、R発案の「オタ芸パフォーマンス」をすることになった。私も加わろうとしたが、振り付けが複雑すぎて断念した。夏休み中に教室を練習場所に3日ほど借りたが、間に合わず、自分たちで高速道路下のスペースを見つけ、アルバイトの間隙を縫って日程を調整し予定を立てたが、集まるのはBとDとHばかり。夏休み終盤、1年次の二の舞にしたくないBが怒り、LINEグループ通話で学級会を開いて本音を思い切りぶつけたそうだ。それを機にスイッチが入り、当日はなかなかの出来映えだった。振り付けを覚え切れていないRも、逃げずに踊った。今までの人目を気にして格好悪いことはしたがらない彼女からは想像できないことだった。

4　一筋縄ではいかない

なぜか、2年の2学期頃から、急にRから給食に誘われなくなった。代わりに「Uちゃん給食一緒に行こ」と、これ見よがしに養護教諭U先生を誘うようになった。LINEもブロックされた。原因を聞きたかったが、「話しかけるなオーラ」を出しまくっているので、しばらくそっとしておくしかなかった。ある日、U先生が「なんで、渡部先生を避けてるの？」と聞くと「だって、ウザいんだもん」と応えたという。受け入れられていることで、調子に乗り、九九やアルファベットを遊びながら覚えられるアプリを見つけてはURLや長文を送ったせいかもしれない。もしかすると、ケアが一方的になっていたことが苦痛だったのかもしれない。

Rは、小中学校でいじめに遭っており、それを知るであろう同じ小中出身の全日制生徒に声を掛けられたことがあったようで、フラッシュバックが起こって以来、登校時刻の昇降口に全日制の生徒がいると、車を降りられずに遅刻することがしばしばあった。(入学以来の無断遅刻にはこういうケースもかなり含まれていたことを、後日祖母から聞いた) 一時期この状況に陥るとスマホから電話を掛けてきて「昇降口に全日の人がいるんだけど、早く迎えに来て!」とU先生を呼び出していた。

3学期、RとDは予餞会での司会を買って出た。Bが漢字の読めない2人のことを心配し、経験豊富な先輩に任した方がスムーズなんじゃないか?と生徒会執行部会の後でLINEで提案してきた。RとDが納得するならいいけど…と返すと、直後にRから私に相談のLINEが入り、「『あの2人で大丈夫か?心配だ』とかばっか言われたら、Dも私もやる気が失せる。そんなこと言うならBがやればと言いたくなる。先生はどう思いますか?」と質問してきた。「Dのやる気を削ぐのでは?ということを気に掛けるRの視点は確かに大事。話し合って決めよう。しくじらないようにすることより、失敗しながらもいろいろ経験して学んでいくことの方が大事だから」と返した。結局、RもDも家で随分練習したようで、立派に司会をやり遂げた。

Rは2年次の最後も進級が危ぶまれたが、何とか進級した。しかし、3年次になっても、生活の改善は見られない。3単位ものの英語が3コマとも1時間目に位置付いていることもあり、欠時数は1学期末で進級不可となる規定数の超過まで残り4時間になった。

7月14日に起きた陸上部顧問S先生との行き違いを機に、陸上部を辞め、全国大会も出場辞退し、9月末までS先生の体育に参加しなかった。私は夏休み前に、その行き違いをR、S先生、Bの3人の視点で整理した資料を使い、2回Rと面談をし、LINEで声を掛け続けたが、改善は図れなかった。夏休み中から、継続的な生徒たちの働きかけがあり、10月4日にようやく体育の授業に参加できるようになった。

5　進級不可となるR

3年次、3学期始業式は欠席し、翌日は何とか数学を17分遅れで受けた。給食に誘うとご機嫌で一緒に食べたが、最初から数学だけ受けるつもりだったらしく、直後に「お腹痛いから」と帰ってしまう。こんなギリギリだと交通状況によっては出席扱いされなくなるかもと心配になったので「明日以降、開始20分超えて遅れたら進級はできなくなるから、時間に余裕持って家を出てよ」とLINEを送ると、すぐ既読になった。父親にも状況を説明し今週が山場です（3月までそんな毎日になるだろうけど）と送る。「スミマセン」と返ってきた。

1月11日、開始のSHRに姿を見せず、「1時間目来なかったらアウトだろ?」と焦ったBが電話しても出ず…。私が1時間目の他学年の授業を終えて廊下を戻ると、英語の教師が腕で×のサインを送ってきたので、あーと崩れ落ちそうになった。その後、暢気に「体調不良でお休みさせていただきま〜す」と本人からLINEが来たので、「残念だけど、これで進級できないことが決まったので、お父さんと話し合って残り英語以外の単位を3月まで頑張って取るのか、どうするのか決めて連絡ください」と応えると、「了解」……「じゃあ、今日行ったら進級できたんですか?」というとんちんかんな質問が来たので、思わず仰け反り「可能性はまだあったよね」としか返せなかった。本人からしつこいと怒られるほど何度も繰り返し、視覚的な資料も見せながら説明してきたのに…。正確には理解できていなかったのか、何とかなると思っていたのか…。覚悟はしていたものの、「じゃあ、やめます」の文字に予想以上のダメージを受けた。全く話し合いの機会が持てないまま時間が過ぎ、本人はそれ以来登校しなかった。

Rの進級不可が決まった数日後、生徒たちに、「Rが3月まで頑張るのか、ここで辞めるのか結論は出てないけど、進級はできなくなったから、別れるときに何かしてあげる?」と聞いたら、「やりたいけど受け入れてくれるかな?」「喜ばないんじゃね?」という。「そりゃ高校卒業の資格を取ることが大目標だったかもしれないけど、この3年間には意味があったと私は思ってて、Rは部活も、生徒会も頑張ってたし…今まで3年間一緒にやってきた仲間に、掛けてあげる言葉の1つや2つあるよね?何かメッセージ書いてもよくない?」と言ったら、Dは似顔絵を描きたいと言い、他の子も手紙は重いけど、寄せ書きくらいならいいと言うので、気持ちに区切りをつけようと、かわいい色紙を探しに行った。３年間を振り返れるアルバムも作ろうと考え、ファイルも購入した。3年間の主な画像を並べるうち、Rなりに学校生活に向き合って、楽しんできたんだということが実感できた。最後のページの余白に「こうして3年間を振り返ってみると…結構学校も楽しくて悪くなかったんじゃない?精一杯やって来たこの3年間の思い出が、今後のあなたの人生の支えになってくれることを祈っています」とコメントを入れた。生徒たちのメッセージも、1人ひとり、個性的でRとの関係が見えるような素直な気持ちが書かれていて、とてもよかった。そういう作業をしながら、Rロスを乗り越えようとしていた。

1月から今後を話し合う面談日を模索して週に何度か連絡を取っていたが、のらりくらりで、応答がないままだった。３月７日、「久しぶりです。先生元気にしていますか」と連絡がきた。父子でコロナで寝込んだこと、その後も父親はぎっくり腰で大変だったことがわかった。学校にいかない分、アルバイトと車の教習所にも通い始め、前向きに頑張ろうとしていることも。「先生と何ヶ月も話していなかったので、元気そうでよかったです」と来たので「私も毎日どうしているか…心配だったので、うれしかったです。お父さんとRさんからの日程調整と連絡待ってますね。手続きが済んだ後でも、いつでもウエルカムだよ」と送ると、以下の長いメッセージが来た。

「今まで支えてくれてたのに残念な結果を望んでしまって申し訳ないです／ここまで進級できてやっと3年生まで進級できたことは担任の先生・渡部先生のおかげです／反抗してきた態度をとったり色々迷惑かけて／心配までこれまで散々かけてきたとおもってます／進級できるように色んな先生に頭下げてお願いしてくれたことを台無しにして／なんて謝ればいいのか…頭も上がりません／家庭のことも相談したり1年生の頃なんて／居残り授業も一緒にしてくれてずっと支えてくれて／自分の中では渡部先生は皆の担任の先生でもあり／お母さん代わりだったと思います／定時制に通えて陸上も色々あったけど／色んな思い出と経験ができました／クラスメイトとも出会えてよかったです／定時制に通えて入学してよかったと心からおもいます／渡部先生には散々色んなことをしてもらいました／自分も後悔でしかないです／あのまま、もぅ少し諦めないで学校を頑張っていればあのメンバ～と卒業できたのかなて／高校卒業しないで中卒で中途半端なまま大人になっていくのかなぁて不安でしかないです／今ぁお婆ちゃんが中学校ろくに行ってないのに高校で3年生まで進級できたていうことが凄いょって言ってくれてますけど、内心自分の中ではまだ高校諦めたくなかったなぁて考えたり／もぅ少し頑張れたのかなとか自分が嫌になります／色んなこと考えさせちゃって申し訳ないです」このやりとりを機に、また連絡が取れるようになった。

後日、父親が退学書類を届けに来て、荷物を持ち帰った。アルバムファイルを見せると、「これは、先生の手から渡してやって。必ず来させるから」と言ってくれたがRが学校へ来る気配は全くなかった。これは、会えないままで終わってしまうのかと思って、諦め掛けた3月31日16時。あと1時間弱で退勤するというタイミングで、Rから「急なんですけど、教習所今終わったんで、今から行っても大丈夫ですか？5時までは先生いるんですよね？」と電話が入った。それでも私は嬉しくて「大丈夫だよ、待ってる。気をつけてきて」と答えた。

Rは、金髪でおしゃれして大人びて見えた。ポーズなのか、ややツンとしている。小部屋に入り、手作りアルバムのページを一緒に繰りながら、「本気で残りの単位を取りたくなったら」（具体的な電話のかけ方や手順を書いたシート）もここに入っているから、と説明していくうち、Rが少しほぐれてきたのを感じた。けれど、思い描いたようには振る舞えず、距離を詰められないまま駐車場に送った。後悔しそうだと思い「R、ハグしよう」と腕を広げるとにっこり笑って、割と素直にハグし合えた。「元気でね」「3年間ありがとございました」と照れ笑いしながら手を振りあった。もっと、できることがあったのではないか、様々な場面で余計なことを言い過ぎたのではないかと、考えてしまう。

その9日前の修了式後、私はHRで「正直末だにRロスで、辞めたことは残念だけど、最初は『学校に友達はいない』と言っていたRに今や『一生付き合える友』が何人もでき、『この定時制でみんなといろんなことができてよかった』と思えたことが宝だと思っている。みんながRがどんなに休んでも、ズルいとか自己責任と捉えずに、温かく支えてくれたお陰。いい関係をつくってくれてありがとう」と伝えた。

（わたべ　しょうこ）

特集2　生徒の〈リアル〉に届くには

研究論文

生徒を励ましたいと模索を続ける教師たち

東京都立大学　杉田真衣

1　2020年代を生きる高校生の姿

四人の実践記録には、2020年以降の高校生たちの状況が描かれている。大矢から「引っ張っていってほしい」と伝えられた文化委員の一人であるNは、企画に精力的に取り組むようになるが周りに頼ることができず、「自分でやったほうが早い」と言って一人で作業をした。矢澤が2022年度に担任として関わった1年4組では、宿泊行事にむけて学級委員が「仲の良い人が固定されているのでいろいろな人と関わること」を目標としたにもかかわらず、「無理に新しい人と関わろうとすると、クラス内の人間関係が悪くなる」との声があり、「無理」はせず好きにグループに分かれることとなった。渡部は学校が少しでも楽しい場所になるように、コロナの影響でなくなっていた行事を復活させ、生徒の要望に応えて軽音楽同好会を立ち上げたが「学校は魅力ある場所にはなりきらず」、生徒の半数が離れていった。島村の実践記録に登場する生徒は、他の生徒の発言に対して「そうなんだ」と共感を示すことまではできても、その先が続かなかった。

それぞれ状況や具体的な有り様は異なっているものの、

生徒が必ずしも安心した関係を築けていないこと、また、それまで関わってきた範囲を超えて他の生徒と出会い、自分の思いや意見を伝えたり頼ったりしながら関わりを深めていくことへの躊躇がある点で共通している。自分を他者へと開いていくことにも、他者の世界へと入っていくことにも躊躇があり、他者と出会い関わりながら共同の世界をつくりあげていくという指向性が弱い。

4人とも、その背景として、コロナ禍によって様々な機会が奪われたことを強く意識していた。とはいえ、生徒が他の生徒からの承認を強く求めて、自分がどう見られているかを強く気にしながら振る舞い、互いに強迫的ともいえるほどの「気遣い」を見せる様子はコロナ禍以前から指摘されてきた。代表的論者の中西新太郎は、その行動の背景にはかれらが生きる消費文化世界に蔓延する個体化・個人化作用が存在しているとする(中西新太郎『思春期の危機を生きる子どもたち』はるか書房、2001年、149頁)。また、2000年代以降の学校の変容によって、子どもたちが他者へと自分を開き、表現することが妨げられてもきた。「学校スタンダード」と、全国学力テストによって、子どもたちの管理・統制が強められてきたからである。管理・統制の網が張り巡らされる学校空間においてとりわけ排除されやすいのは、障害、外国ルーツ、性や貧困によって不利な状況に置かれた子どもたちである。排除は免れてなんとか適応していても、「いい子」であり続けるのは苦しい。こうした状況がいじめや不登校の増加を引き起こしている側面がある。

4人は生徒が他者との関係を構築しにくい世界を生きていることを前提としつつ、いかにして自分たちの手で自分たちの文化、学びを創り出していけるようになるのかを模索していた。その軌跡からいま何が必要かを学び取り、そこにどのような実践課題があるのかを考えたい。

2　主体的に動けるように介入を控える

実践記録には、生徒が自分たちで動けるようになるために、教師がなるべく手を出さずに見守る姿が描かれている。こうした課題意識を最も明確に打ち出しているのは大矢である。「担任が陰の立役者となり、生徒中心で行う実践スタイル」に憧れる大矢は、「彼らが提案するすべてを否定しないように心がけ」、自分の役割は事故・怪我がないように見守る「現場監督」と学校と交渉して資材を調達する「ネゴシエーター」の二つに限られると生徒にはつきりと示したという。ほかにも、矢澤がコーヒーカップの中止が決断された時にフォトスポットへと切り替える案を話すのを控えたり、島村がNの日韓の歴史問題への関心が誰からも話題にされなかった時に「強引に私が話題にするなら生徒は忖度し、気を遣いながらこの話題を『取り扱ってくれる』ことになってしまう」と考えて全体に投げかけることを控えたりと、教師たちは生徒の主体性を損なわないために介入を控えていた。

ただし、それは何も働きかけないということではない。かれらがどのように働きかけていたのかを見ていく。

3 思いを伝え合い、ともに創れるように手助けする

自分たちの手で自分たちの文化、学びをともに創り出していくためには、自分が関心を持っていること、したいことを表現でき、それが他の生徒たちから大切に聴き取られ、議論を通じて互いへの理解が深まるなかで、「自分がしたいこと」が「自分たちがしたいこと」になっていくことが必要である。そして、「自分たちがしたいこと」は、一緒に取り組む過程で生まれる悩みや困りごとを共同で解決していかなければ実現できない。しかし生徒たちは、1節で見たように、自分の思いを伝えるのが難しく、伝えられたとしてもその思いを互いに深く理解し合うために関わるのが難しい状況にあり、さらには困っても一人で抱えて他の生徒を頼れない傾向があった。

思いを伝え知り合うのが難しい生徒たちに対して、教師たちは工夫や働きかけをしていた。大矢がしていたのは、文化祭企画について話し合う際に、これまでどのような企画があったかを紹介したことだ。何も無いところから案を出すのは難しく、生徒たちに考える土台をつくったことで、案がたくさん出てくることになった。若い世代は安易にウェブアンケートを使って意見集約をする傾向にあるとはいえ、矢澤のクラスの話し合いで案が出なかった時にウェブアンケートに切り替えたのは三役の生徒たちなりの工夫であり、そこにはその日のうちに三役会を開くなど矢澤による見守りや働きかけがあった。島村は、初回の準備会で他の生徒の語りに共感はできても理解を深めるために問いを投げかけるところまではいかない生徒たちを前にして、質問を促すことは控え、島村自身が「一人の当事者として」質問をしていった。そのことで、どのようにすれば話が深まるかを見て学ぶとともに、そ

の方法をただ形式的に覚えるのではなく、島村が他者へと関心を寄せる姿にも触れられるようにした。

困っても一人で抱え込み他の生徒を頼れない傾向に関わっては、どうしていたか。大矢は放課後に一人で作業するNと一緒に残って話し、「周りを頼ることも大事な勉強やで」と声をかけた。その後、Nの欠席がきっかけとなって他の生徒たちは自ら動くようになり、Nが戻ると指示を仰いで、そのように頼りにされたことでNも周りを頼れるようになったようだ。矢澤実践でも、周りに頼るのが苦手で作業に必要な情報を他の生徒たちと共有できていなかったTとKが体調不良で休んだことが、結果的に企画制作班の窮状が知られるきっかけとなった。このように予期せぬ事態がきっかけとなって個人や関係の変容が生じるのは行事の醍醐味である。とはいえ、当然ながらその背景には教師たちの支えがある。大矢実践では、一人で作業するNを大矢が見守っていたことが、Nの他者に対する信頼の構築に影響していたであろう。矢澤はTとKの不在によって立ちゆかなくなった状況をZが報告する機会として臨時HRを開くことを提案し、Zは思うように話せなかったもののこのHRがきっかけとなって生徒たちは声をかけあって作業に取り組むようになっていった。さらには文化祭終了後にZが「言いたいことがある」と訴えることにもつながった。

4　不安でも踏み出せるように支える

一方、「自分がしたいこと」のリスクが高いとみなされる場合、本人や周囲の不安は強まるため、それが「自分たちがしたいこと」になるのはいっそう難しい。その不安を乗り越えて「自分たちがしたいこと」を実現させるのを支えたのが、島村実践である。

島村は、最初の準備会でNが「歴史問題をやりたい」と話したのに対して、「難しいテーマに挑戦して凄い。でも安易な話し合いは緊張も高くなる」と感じた。Nは1回目のオンライン交流会の感想に「相手が嫌なことはしたくないから、私はとっても日韓問題について知りたいけど、様子を見て話すかどうか決めていきたい」と書いたが、交流会の振り返りでその感想に触れる生徒はおらず、Nもほとんど発言しなかった。島村はNがどう考えているのかを聞く必要があると考え、声をかけて話すなかでNが歴史問題に関心を抱いた背景がわかり、「みんなの反応を見て、自分の意見になんか興味がないんだなと思った」

「嫌になっちゃった」という気持ちも聴き取った。

島村の実践記録で注目したいのは、Nの気持ちを掴みつつ、島村自身が歴史問題を取り上げることに不安を覚えたことを実践記録で吐露し、そのように自信を持てない立場でNに仲間ができるよう励まし、Nのアイデアに励まされてNへの期待や信頼が高まり、Nの頑張りに賭けたいと思うまでに至った様を率直に記述しているところである。不安はあいまいにしたままだとそのままであり続けるが、見つめてその不安を自分自身のものとしていくことで、ではどうしたらよいのかと考えて、自分の不安を他者へと開いていけるようになる。不安に向き合う過程でわからないことが出てくれば、知ろうとするようにもなる。島村が自身の不安を直視したことによって、Nの不安も他の和光生の不安もハクナム生の不安も否定されず、そこから学びが始まることになり、不安を共有しながら、どうともに進んで行けばよいかが探求されるに至った。その過程で、Nをはじめとする和光生たちは、島村からの信頼と期待を支えに飛躍を遂げ、ハクナム生たちを動かしていった。その経験があったからこそ、Nは最後に、不安でも勇気を出して思いを伝え、動いてみなければならないと総括したのだろう。

5　信じて「賭け」を続ける

一人の生徒を信じ、期待し、その頑張りに賭ける教師の姿がより全面的に描かれているのが、渡部の実践記録である。Rが学校の教室に通えていたのは、小学1年の時と、中学1年の前半だけである。低学力、いじめ被害のトラウマ、難しい家族関係と困難が折り重なるRの状況を、渡部は「身の回りに確かなものがなくて、頑張るエネルギーをどこからも得られない」と捉え、考え得る限りの仕方で支えようとした。たとえば、祖母を労いながらRの生活についての情報を得て、Rの支えになる関係づくりへと向かえるよう助言する。文化祭の「オタ芸パフォーマンス」企画では、LINEグループ通話による学級会で本音で話せたことが良いパフォーマンスへとつながって、「人目を気にして格好悪いことはしたがらな」かったRも逃げずに踊れたというが、こうした活動に至るには渡部の見守りがあったはずだ。3年次にRが陸上部を辞めて体育の授業に出なくなった際には生徒たちによる継続的な働きかけがあり、その後いよいよ厳しい状況になった時にはBが心配して電話をかけている。

Rが急に渡部から距離を置くようになって、渡部は「ケアが一方的になっていたことが苦痛だったのかもしれない」と考える。Rが退学した際にも、「もっと、できることがあったのではないか、様々な場面で余計なことを言い過ぎたのではないか」と問う。ただ、本稿でこれまで触れてきた不安や信頼といった視点から見ると、渡部実践は、人を信頼できるための基盤が脆弱なRに粘り強く関わり、なんとかその基盤をつくろうとした実践と言えるのではないか。というのも、渡部との関わりを通して生きていくためのそうした基盤が初めて形成されていった時に、どこまで本人に意識されていたかは別にして、Rには一度そこから離れて、何が自分に起きているのか、そこにどのような他者の存在が立ち現れているのかを確認する必要が生じて、渡部に「つながれなくなった」と感じさせるようなことをしたとも考えられるからである。すなわち、渡部から一度離れようとした行動に、Rが自立へと向かう姿も織り込まれていると読み取ることができるということだ。それはRからのメッセージに「渡部先生は皆の担任の先生でもあり／お母さん代わりだったと思います」と書かれていたことからもうかがえる。

6　生徒の生と自治を支え励ます教師

ここまで見てきたように、4人の実践記録には生徒の生と自治を支え励ます教師の姿があった。そこから学んだうえで、残された二つの実践課題について考えたい。

一つ目は、冒頭で触れた状況にある生徒と関わる際の、その関わり方についてである。先に見たように、大矢は「彼らが提案するすべてを否定しないように心がけ」、島村は「強引に私が話題にするなら生徒は忖度し、気を遣いながらこの話題を『取り扱ってくれる』ことにな」ると考えて、生徒に質問させるのではなく自分が質問することを選んだ。ここで想定されているのは、教師に提案を否定されたら諦め、教師に忖度し気を遣う生徒の姿である。日頃の生徒との関わりをもとにした現実的な想定だが、実践において目指されるべきは、教師に批判されてもそれに対して質問や反論をして議論できるようになること、教師に促されても納得ができなければその通りにはしないようになることである。竹内常一の整理によれば、生活指導実践においては、教師の指導に対して「いやだという権利」を生徒に認めることが、指導をめぐる教師─生徒間や生徒―生徒間の対話と討議の起点となるのであり、そうした対話と討議が契機となって「生徒たちが自分たちの活動の目的と方法を自分たちで決め、自分たちの活動と自治の主人となることができる」とされてきた。ただし竹内は、競争と排除、いじめ、虐待や貧困などによって「生徒たちが自己と他者、自己と世界に対する『基本的信頼』をもつことができなくなっている」状況が、生徒が「いやだという権利」を行使しながら討議できる社会的地平を失わせているとも指摘した(竹内常一『新・生活指導の理論』高文研、2016年、94〜95頁)。大矢や島村の実践でも、生徒が教師による働きかけを批判できるようになることが目標とされながらも、まずは目の前にいる生徒の厳しい現状から出発して慎重に関わったということなのだろう。ただ、「(直接)働きかけるか、控えるか」といった枠組みでの課題設定の仕方は、実践のゆくゆくの目標が生徒が教師の指導を批判できるようになるところにあることを見失わせかねない。

こうした点に関わっては、矢澤実践でTが総括として「Sの意見を聞きたかった」と書いた、Sのことが気になる。というのも、Sの思いを知れば、一見すると位置の異なるZとの間にも企画を成功させたいという共通の思いがあったことが見えてきて、ZやTなどがSとつながり直す機会を生み出せたかもしれないからである。実際、Sが「魔界の晩餐会」という企画名に対して「なんで魔界なの?そもそもホラー企画なの?」とたずねたのは、質問の仕方は威圧的だったかもしれないが関心があるからこそであっただろうし、内容としては間違っていない。Sが修繕して再開するべきだったと考えていたようであるのは、Sなりに主体的に参加していたからとも考えられる。Sの行動にSなりの前向きさを読み取り、そのことに信頼を寄せながらSの思いを知ろうとし、Sが支配的にふるまったり矢澤に距離を取ったりすることで何を守ろうとしているのか(そこにどのような弱さがあるのか)を探って、Sの生きる世界にもっと入っていこうとしてもよかったのではないだろうか。

二つ目の実践課題は、活動に伴うリスクと自治との関係である。大矢は自分の役割を「現場監督」と「ネゴシエーター」に限定したが、実践記録の最後で「現場監督と交渉役、それだけで良かったのだろうか」と問うている。この問いかけは大切だと受け取った。というのも、大矢は事故や怪我への不安を軽視しなかったからこそ、それらを起こさないようにすることに注力し、それは必要なことだと思うが、その一方で、リスクの把握とそれへの対応を自分の内で完結させたように見えるからである。たとえば、教科担当者や他の生徒たちと話しながら、AとBが得意なことや苦手なことなどを掴み、またAやBとも話して、どのような条件なら作業に参加できるか、参加できないならそれはなぜなのかを一緒に考えることはできたはずだ。他の生徒たちがA・Bを見守り助ける役目を担ってもよかったし、作業するなかでA・Bに見守られ助けられることもあったかもしれない。A・Bを信頼し、期待をかけて励ますことで生み出されるそうした活動の経験が、大矢がクラス開きで伝えた「先が見えなくてもとにかくやってみることが大切」ということを生徒たちが身をもって知ることにつながったのではないだろうか。もちろんこれはそう容易ではないが、他にもあり得た実践を追究する大矢の提起を受けて考えてみた。

一つ目も二つ目も、教師がどのような存在として生徒と関係するかに関わった課題である。先に述べたように、島村は最初の準備会において「一人の当事者」として生徒たちに質問を投げかけていった。渡部に至っては、オタ芸パフォーマンスを自分も一緒にしようとした。そして、生徒たちに「正直未だにRロス」だと吐露することをはばからない。「Rロス」の感情をそのまま生徒たちに表現した渡部のあり方には、渡部なりの仕方で「一当事者」としてそこに存在していたことがうかがえる。渡部は、目の前にいる生徒が生きることを励まそうとして、教師が教師であるということで自ら引きがちな境界線を躊躇することなく超え、生徒の世界へと参入していったように見える。その姿が生徒たちに信頼できる他者として立ち現れ、基盤にもなっていったのではないか。

とはいえ、こうした渡部のあり方は、生徒の世界に入っていく際に教師はどうあるべきかという別様の論点をも浮かび上がらせる。たとえば、最後に「距離を詰められないまま」Rを駐車場へと送った際に「ハグしよう」と呼びかけたことは議論になるだろう。身体的な接触は、そこにどのような個別具体的な関係があるかによって解釈するべきであり、形式的に一律に評価できるものではない。ゆえにこの時のRとの関係においては、嫌なら断れたのだろう。それを前提とした上で、心理的距離が詰められないことを理由とした身体的な接触を、「ハグしていい？」ではない、つまり同意を確認するのではない仕方で呼びかけることについては慎重になったほうがいいという見方もあるとは述べておきたい。

（すぎた　まい）

20代若者教師の頁

若者座談会―周りの『圧』で見えなくなる生徒、自治を育てる難しさ―

鳥海壮矢、松林宏樹、外本ひかる、金澤みなみ、小松ひなた、田島直樹、小波津義嵩

松林：中学校1年生の担任をしていますが、学級でトラブルがあったので落ち込んでいます。1月末に起きましたが、まだ立ち直れていません。

小波津：松林さんが落ち込んでしまうようなトラブルについて、もし話せるなら聞きたいです。

松林：クラスのある生徒が、○○ちゃんが△△の悪口を言っていたよということを△△にLINEで伝えて、（生徒らの）関係が悪化しました。時間的・精神的余裕がなく、普段から子どもたちを見ることができていなかったが故の出来事だなと反省しています。今回被害者だった子は学級長でした。学級長をミニ先生化（もう一人の担任化）させてしまい、学級で苦しい立ち位置にしてしまいました。反学級長みたいな子たちが現れ、それが顕在化したような問題でもあったと思っています。

金澤：教師生徒間の個別の関係性も意識しつつ、子ども同士のネットワークを頼る必要があるのかなと考えています。みなさんの経験談も聞きたいです。

外本：私もミニ先生をよく立ててしまいます。その子は中間に立って揉まれて、成長する面もありますが、トラブルが起きる危険性もありますよね。部活動では、すべての問題に教師が介入するのではなく、部長や副部長等のリーダー的な人にある程度任せています。リーダーには直接助言をしたりフォローしたりします。

松林：1組は基準になるべき学級で、すべてにおいてきちんとしなければならないという風潮があります。周

りの期待に沿って管理を徹底しなければならないことが4月からずっと負担でした。自治的にやろうとすると、お互いが監視し合い、責め合うクラスになってしまいました。規律がないと校長らが判断すると、『1年生は厳しくやらなければならないぞ』と言われつづけます。自分だけでは管理できないから、リーダーに頼ろうとしてミニ先生化させてしまったと反省しています。ここに参加している方に、リーダーの育て方と規律のつくりかたを聞いてみたいです。

外本：音楽の教員です。私が教室に行くとシーンとなり、朝SHRで面白いことを言ってもどうにもならない時期がありました。話を聞けず、生徒に対して押しつけがましくなってしまっていたのが反省点です。教員が掃除や面談の時に関係性をつくることができれば、押しつけがましく言わなくても済むのではないかなと思います。

田島：私立高校に勤めています。管理指導はしていませんが、一人の生徒（ギャル）がリーダーシップをとって、他の生徒によびかけ、私にバルーンブーケを贈ってくれました。やんちゃな子らや、人と関わるのが苦手な真面目な子らは様々な活動を通してそれができるようになったと思います。教師と生徒の関係ができてから、生徒同士の関係が変わるのを感じました。

小波津：やんちゃをしていた生徒がリードして田島さんにプレゼントをあげようと企画したのは素晴らしいですね。ミニ先生的な生徒は学級にいましたか？

田島：別に（ミニ先生に）しようとはしていませんが、なれない子たちが多いです。『良い子』は極端に人と関わるのが苦手な子たちが多いです。ミニ先生的な子はいなかったです。

松林：秩序や規律はどうつくられていたのですか？

田島：みんな僕の言うことを聞かないので、規律はほとんどありませんでした。学校ではきちんと指導しようという雰囲気はありますが、運用の面ではゆるくやっています。しかし最近はゼロトレ的な流れが強まりつつあります。生徒は言うことを聞いてくれないですが（笑）。

松林：規律を守ることをゴールにしたくないと思いますが、自分は周りの先生の目を気にしてしまいます。教師がそれから脱するためにはどうすれば良いですかね？

金澤：関連すると思うのですが、鳥海さんが担任で実践した際の話を聞きたいです。

鳥海：規律については（乱れることを）恐れて、ピアスや髪の染色がないか目を光らせていました。すると、ある自閉症的特性を持つ生徒（ずっとケータイを楽しそうに見ている）を見ると、周りの生徒が注意するようになってしまい、監視し合うようになってしまいました。規律を守らない生徒を見ると心の中でイライラしていたこともあります。

小波津：公立中学で支援員として働いていた時に、服装頭髪をチェックする仕事を任されましたが、基本的にはスルーしていました。代わりにその生徒としか話せないことを話すようにしていました。はじめは他の職員からの風当たりが強かったですが、時間が経つと、『あの生徒は小波津さんとの関係性が深まっているから、小波津さんに頼もう』と言われるようになりました。

小松：他の先生はそういう教師の生徒との関わりを見ていますよね。私も着任後すぐに、遅刻指導を担当したことがありました。その時に遅刻指導はせずに『よく学校に来たね』と声掛けをするようにしていました。ある生徒は授業中にスマホをよく見ていました。内実を聞いてみたら、自分のバイト先の店長と母親との間にできた子どもの面倒を見ていることが明らかになりました。生徒が安心できる場を確保できていないと、頭ごなしに規律を押し付けられても守れないと思います。規律を最優先に考えてしまうと、生徒の実態が見えなくなってしまうおそれがあると思います。

田島：規律と生徒の実態との間で悩んでいる同僚と話をしながら自分に折り合いをつけています。

小波津：肯定的に捉えられる規律はありますか？

田島：朝礼と終礼の時くらいは教室にいてほしいです。

外本：すべきことは何か考えさせることを重視しています。「座って！」等と指示することは教育であるのか疑問です。考えさせる指導は時間がかかりますが、5年後、10年後にわかってくれれば良いと思います。

金澤：チケット制が成り立たないような学校の生徒が、バイト先では規律を守って働いていました。教師は、校則を守れないようだと社会に出てから規律を守れないと指導することが多いですが、生徒は割り切ることができていると思います。

小波津：教師の論理を生徒が納得していない様子であれば、『何で？』と純粋に問いかけると、管理する者・される者という教師生徒関係を変えるきっかけになると思います。教師が守ってほしい規律と子どもが守りたくない規律の交流ができれば、リーダーのミニ先生化は防げるのではないでしょうか。子どもが必要と感じることについては結果的に規律が生まれていくのだと思います。

松林：ちょっと話題が変わるかもしれませんが。今年の1年生がおかしい（コロナの影響で?）という話です。整理整頓が全然できず、わざと怒られるような言葉遣いをしたり必要以上にくっついてきたりします。高校でもこのような状況はありますか?

小松：活動がない期間があったので、埋められない何かがあると思います。小中高で、少なからず影響を受けていると思います。

松林：家庭教育にどれほど求めれば良いのでしょうか?

外本：地域の人が学校に求めてくる場合もありますよね。外部講師を招く場を提供してほしいとお願いされました。

田島：毎年奨学金のことを聞いてくる生徒、保護者が多いです。子どもの言うことを１００%信じてその通りにする保護者はしんどいです。我が子の対教師暴力を全面的に否定する保護者もいました。

金澤：親があきらめてしまうことを、学校が引き受けて子どもの可能性を広げることは続けなければならないのかなと思います。何でも引き受けることはしんどすぎるので、生徒とのやりとりから考えたいです。

鳥海：昔体験できていたことが今できているのかなと思います。昔の教訓を参考にしようかと考えていました。

田島：生徒に関わる前に、学校の体制や教員同士の関係についてみんなが悩んでいることが分かりました。みなさんも同じような悩みを抱えていることが分かったことが励みになりました。

外本：規律についての悩みや周りからの圧に関わる話に共感しました。コミュニケーション不全の家庭が増えてきていますが、積極的にコミュニケーションを取るようにしています。自分らしく頑張ろうと思えました。

小松：松林さんの話を聞いて。1年1組のプレッシャーについて考えたことがありませんでした。来年度担任では、自分のできることをやりたいです。保護者の悩みが学校への要望に変わっているのかなと思いました。

松林：自分の立ち位置に気づけて良かったです。ありがとうございます。また座談会を開いてほしいです。とりあえず救われました。

高校教育最新事情

連載

働き方改革の主体を取り戻そう

滋賀県公立小学校教諭（全教近江八幡市教組書記長）　石垣雅也

はじめに

２０２４年５月13日「令和の日本型教育」を担う質の高い教師の確保のための環境整備に関する総合的な方策について（審議のまとめ）が、中教審「質の高い教師の確保特別部会」より出され、教師の働き方（働かされ方）に関わる一つの方向性が示された。

これに対し、ウェブアンケートではこのまとめに期待できないという結果が圧倒的大多数を占め、ＳＮＳ上では＃残念な審議のまとめというハッシュタグが生まれるなど落胆が広がっている。

地域の小さな教職員組合で青年部の頃から10年以上取り組んできた経験と実感から言うと、審議のまとめも、落胆している教員たちも、一つの視点が抜け落ちている。それは、教員の仕事が魅力的でなくなったように見えたり、労働条件が過酷だったりするのは、他でもない文科省の（特に）この20年近くの施策に原因があるということだ。待遇面の改善やＩＣＴ化の促進、一人ひとりの意識改革でどうにもならないのは、教育基本法改正後の教育改革への批判的、反省的評価が欠落しているからだ。本稿では公立小学校に焦点化して、それを論じていきたい。

１　教育基本法の改正と教員の多忙化

２００６年に改正された教育基本法では第17条に「教育振興基本計画」の作成が国に義務付けられ、地方公共団体にも作成が求められるようになった。これにより、学校の教育業務のビルド＆ビルドに拍車がかかる。国の教育振興計画が学校の多忙化を引き起こす原因となる一例を紹介しよう。

２０２３年６月に閣議決定された教育振興基本計画の中に、「一週間の総運動時間（体育の授業を除く）が60分未満の児童生徒の割合の減少」という指標があり、滋賀県でも教育振興基本計画が作成されている。このため、「健やかタイム」「チャレンジランキング」「体育の宿題」「運動教材の提供」など運動の習慣化を図るという取り組みが提示された。これが学校に入ってくるとどうなるか。朝の始業前マラソンや、休み時間(5分間や10分間)を「健やかタイム」として全校で運動するということがおきる。

これはあくまで一例で、運動以外にも「読書」「家庭学習」「体験的活動」など、国から下ろされた内容について斟酌し、県や市町村は計画実施が求められる。上から提示された「業務内容の増加」である。そして、業務内容が増加しても教員の数は増えないのだから、いわゆる「労働強化」が起こる。つまり、無限定な勤務時間の増加は「給特法」が根本的な原因ではない。主犯を労働強化施策だとすれば、給特法は共犯の位置にあるとでもいえば良いか。

もう一つ例を挙げよう。「審議のまとめ」では、標準授業時数を大幅に超えて授業時数を設定していることをあげているが、標準授業時数そのものが増加していることへの言及は見られない。小学校6年間の総授業時間数でいうと、「１９９８年５３６７時間」「２００８年５６４５時間」「２０１７年５７８５時間」と増加した。授業時間数の増加に伴う教員増がなければ、一人当たりの授業の持ち時間数が増加するだけである。勤務時間は決まっているわけだから、持ち授業時間数が増加すればその分授業準備の時間が減少することになる。授業の質を確保しようとすれば、勤務時間を超えてしまうのは当然のことである。

つまり根本的な原因は、学習指導要領改定により増加した授業時数、増加した教科数に見合った教職員定数の改善を怠ってきた教育行政の不作為によるものなのである。給特法に「定額働かせ放題」と名付け、給特法がこの教員の多忙化や、教職離れ・教育のブラック化の主因であるかのように喧伝することは、文科教育行政の不作為から目を逸らさせる役割を果たしてしまっているようにもみえる。

2　若手教員の困難と離職から考える

２０２４年4月24日付の朝日新聞デジタル記事によると「東京都教育委員会は24日、昨年度採用した公立学校の新任教諭のうち、1年以内の退職者が１６９人だったと明らかにした。全体の４・９％を占め、都教委の集計によると過去10年で最多。ほとんどが「自己都合」による退職だった。新任教諭の離職は全国的な課題で、都教委は対策を強化しているが、改善につながっていない状況だ。」という。

過去10年で最多というが、教職員組合や教育科学研究会など、民主的な教育を志す各種運動・研究団体は少なくとも15年以上20年近く前から、特に新採教師が辞めていくという状況について、警鐘を強く鳴らし、問題を可視化し、運動的に取り組んできた。全日本教職員組合（全教）は、2008年には「新採教員を1年目で辞めさせないために」2010年「初任者研修、新規採用教員問題シンポジウム」などを開催している。私も会員である教育科学研究会は教師分科会を中心に『新採教師はなぜ追い詰められたのか』（2010高文研）『新採教師の死が遺したもの』（2014高文研）を刊行し、教員の困難が特に新採（若手）教員に集中していることを可視化してきた。

初任者研修制度は、これら研究運動の指摘を無視できず、1年目の研修時間の集中を避け、研修時間数を2年目、3年目に配分するなど一定の弥縫策を取ったが、新採教員の困難の核心をとらえてはいなかった。問題の核心を捉えず（あるいはわかっていてもそこには触れず）整合性の取れない弥縫的対策を取り続ける文科省の教育施策を教育社会学者の久冨善之は「行政犯罪」という。久冨は、「①学校現場の実状、教師が置かれた諸困難を、当事者の『声』に十分耳を傾けることなく、次から次へと新たな用語を含んだ『改革』や『政策』を押し付ける。②『行政無謬』の神話に寄りかかって、これまで行ってきた改革、政策、行政が学校教育を本当に良くしているのかどうかの検証を十分しないままに、①の新たな『押し付け』をくり返している。③教師の教える仕事の難しさと性格にまったく無理解なままに、いまだに『教師不信』を下敷きにして教師たちを抑圧・分断する『行政犯罪』をくり返している」（『日本の教師、その12章　困難から希望への途を求めて』2017新日本出版社227～228頁）

久冨の指摘に従えば「審議のまとめ」は①②にあたる。若手教員の困難は特に③の「教える仕事の難しさ」がその根っこにある。この難しさは、その難しさが言語化され、自覚されていくという過程が必要である。それは、伴走者のような職場の同僚、職場外のサークルなどの同業者に、困難が聞き取られることが必要だ（このような取り組みの詳細については、『教育』2021年11月号などを参照ください）。同僚性研究は教育学教師教育学研究でも進んでいる。しかし、同僚性というのは「話す」時間があってこそ育まれるものである。それを阻んでいるのが長時間過密労働なのだから、若手教員の困難に寄り添うためには、新たな職の創設などではなく、その時間を生み出せる業務量とそれに見合った人員配置こそが、根本的な解決策のはずである。

3　教職員組合の果たす役割

SNS上に飛び交う教師の不満は増加の一途をたどっている。しかし「そんなに不満があるなら、なぜ、教職員組合に結集しない？」と率直にそう思う。「あなたのその不満が解決されず、相手にもされないのは、あなたが一人で呟いているからだ」と。

ある年の2学期。10月末に市教育委

員会から2年目〜5年目の若手教員に「研修通知」がきた。通知の日付は10月27日。現場で周知されたのは、11月に入ってからだった。

この唐突な「若手研修」は12月24日に半日の研修を受講することと、12月15日までにレポートを提出することという内容だった。12月15日といえば学期末まで10日を切った多忙な時期である。「いつ、そのレポートを書く時間があるというのか？」率直な疑問と不満の呟きが若手教員から聞こえてきた。

市教組では、各学校の組合員を通じて若手研修対象の教員にアンケートを実施し、そのアンケートの中に、「勤務時間内に、このレポートを書く時間がありますか？」という質問項目を入れた。回答のほとんどが「ない」であった。

このアンケート結果を踏まえた市教委との交渉で、つぎのように問うた。

「勤務時間内にレポートを書けというのか、それとも勤務時間内に書くために仕事を削るのか」市教委担当者は以下のように返答した。「レポートはそんなにたいしたものではなくて、今困っていることとかを5分程度で書いてもらえればいい」「メモ程度のもので構わない。何かないと、研修で話し合えないから、書いてきてほしいという趣旨だ」「勤務時間内に書くことが無理なら、土日でもいいから」と言った。「勤務時間内に書くことが無理なら、土日でもいい」この発言は、私たちの労働実態からすればごく当たり前に見えることだ。しかし、それは「勤務時間外の土日に業務を命じる」と捉えられる発言であった。時間外の勤務は給特法によって禁じられている。それを踏まえて、私たちは「給特法に反して勤務時間外の勤務を命じることになる」と指摘し、次の2点について確認をとった。

・研修に参加することは強制ではないこと。

・研修日に年休を取ることは拒まないこと。

さらに「レポートは簡易なものでいい」と市教委が言っても、各学校の管理職がレポートの書き直しを命じる可能性があるので、「レポートは勤務時間内で書ける程度のものでよいことを通知する」ことを要求した。

これらの組合交渉の後、結果的に「若手研修」は中止となった。

おわりに

私たちのことを私たち抜きに決めないで。当事者の声を真剣に聞こうとしないのなら、私たちが聞かせようとするしかない。同じ教師のつぶやきでも、職場のつぶやきは集めることができる。今私たちの組合は少数派であるが、決して少数ではない。多くの教師たちの声を集めることはまだできるだろう。私たち自身が声を上げることで、私たちの労働の質、教育の質を高めていきたい。

高生研第62回全国大会基調発題

学校は楽しい！生徒が学校生活をつくるとき

公立高校　かとうりさ

2010年　A高校

⑴生徒の生きづらさに応え、守りたいと決心する

A高校は大都市近郊の町にある1学年1HRの小さな高校である。私は2010年に担任を持った。町外からの入学生が多く、いわゆる市内の高校には入学できない「逆流」で、「本当は来たくなかった、A高校しか入れなかった」という生徒が多い。学校を楽しめないため、学力や出席不足などで中途退学者が多く、何年も40人全員が卒業したことはなかった。さらに、生徒指導が困難なため、「まずはちゃんとさせよう」と服装や授業規律などの指導が重視され、厳しく指導する教員が指導力ありと評価され、私は「指導のできない教員」だった。

入学前の3月に中学校訪問を副担任と行った。中学校訪問は本校では恒例だ。「学級崩壊の立役者だった」「何度も補導され困った」「ほとんど学校へ来ていない」などと話が出てくる。さらに生徒のことが気になり、家庭訪問も入学前に行うことにした。「何をしにきたのか」という保護者もいて、私が想像していた「生活が困難」をはるかに超えて、多くの生徒が生きづらい思いを抱えていることを目の当たりにし、「入学前の家庭訪問なんて止めとけば良かった」と後悔もした。

それでも生徒は4月にA高校へ入学してくる。生徒が

期待するのは何なのかを考えさせられた。そして、私は「現実が吹っ飛ぶくらい、高校では思いっきり楽しい経験をさせたい、A高校に来てよかったと絶対に思わせてやる」と決心した。

それは、処罰主義・管理的な学校から「生徒を絶対に守る」という決意だ。今まで理不尽な学校ルールにも傷つけられてきた生徒に二度と同じ思いはさせないと決め、40人を絶対卒業させることを目標にした。そして中学時代は学校にほとんど来なかった生徒が皆勤するなど、このクラスは40人全員で卒業することができた。

⑵最初のバレーボール大会

入学式の翌日、午前はずっと生徒指導部・教務部長・進路指導部長からのお話で、「悪いことをすると高校では停学になりますよ」「勉強しないと高校では留年しますよ」「進路の先生の言うことをきかないと、就職できませんよ」と脅されて、「高校も同じか」と生徒ががっかりするのが目に見えていた。そこに生徒のジャージが届いた。これはチャンスだ。朝のHRで「じゃ、午後はジャージ着てバレーボール大会をします」と急遽生徒に宣言し、学年の先生や体育の先生と準備をした。

6チームに分け、さぞかし楽しいバレーボール大会になると期待したが、生徒のサーブはなかなかネットを越えない、ボールはぼてぼてと人と人の間に落ち、ボールを拾いに行くのもめんどくさい感じで、応援もなし。無計画なLHRはやっぱり生徒から見ても大失敗だった。

でもサーブを失敗しても「おっけー、おっけー大丈夫」と叫び、思わずボールを返したもんなら大興奮の担任の全力応援に「あれ？今までの学校と違うかも？」と生徒は感じたはずだ。私にとって、最初のつかみは大成功だ。ここから「失敗しても大丈夫、楽しいことをやろう」というクラスづくりが始まっていた。

⑶委員長に立候補したM

Mは入学式が終わった教室で、「先生、高校はお菓子を持ってきてもいいの？」と最初に私に声をかけてきた。町内の中学から入学し、「バレー部で活躍し、男子からも女子からも信頼されている」と中学の先生からの評判も良く、明るく活発で、おしゃれが大好きな生徒だ。成績は良い方ではなかったMは「市内の○○高校へ行きたかったけど、勉強しなかったからだめだった。制服の可愛い私立に行って遊びたかったけど、親はお金ないから無理だって、A高校はださいからいやだ」と言っていた。

入学式から何日かたち、クラスの係を決めるLHRがあった。クラス委員長が立候補もなく決まらなかったが、放課後すぐにMが「私、委員長やるわ」と言ってきた。委員長への立候補は、クラスのメンバーを見て、「私がクラス委員長でもいけるのでは」と思ったのか、この高校で頑張るきっかけを作りたかったのかもしれない。さらに、男子バスケ部のマネージャーもやることになった。

しかしMはすぐにゆれ始め「学校やめる、どうしたら転校できるの？」と何度も言ってきたり、化粧と髪のセットに時間がかかり、遅刻のたびに注意をされ私と言い合うことが多くなった。

(4)プロジェクトづくり開始

6月、2泊3日の宿泊研修が行われる。登山プロジェクト、ソフトボールプロジェクト、よさこいプロジェクトを呼びかけた。「行事は自分でつくる」を当たり前にするためには最初が肝心だ。

よさこいプロジェクトには女子6人が立候補してきた。目標は宿泊研修当日にその場で練習し、よさこいソーランを完成させること。私は完成度を求めない。「へたくそでもいいから最後にみんなで踊れればいいよ」と言っていたが、プロジェクトは完璧を求めた。まず自分たちで練習し、次に各班から1人を加えて練習した。「もっと練習しないと」、「こんなの完璧じゃない」という必死さで、「先生ももっと、本気でやってよ」と言われ、連日放課後の練習になった。宿泊研修当日は、各班に分かれてプロジェクトチームが教え、全体であわせること3回で、ようやく完成した。ここからプロジェクトによる行事づくりがスタートした。

宿泊研修が終わったころから、何かとトラブルが増えてきた。私は生徒同士でも対教員でも、問題がおこれば当事者同士が話し合うことを徹底した。

Kはクラスの生徒とSNS上でトラブルがあり欠席が続いていた。登校してきたKから私と養護教諭とで話を聞いた。Kは何もしていないのに悪者になっていることに傷ついていて、Kに「自分たちで話し合えば？」と伝えると「話をしたい」と言ってきた。その日に、クラスの女子4名とK、教員3人で話し合いをした。お互いに「ぜったいに、許さない」、「何言ってんだ、信じられない」などのきつい言葉が飛び、泣き出す生徒もいて、私も「こりゃ失敗したかも」と焦った。しかし軽率な発言が原因だという点でKが「ごめんなさい」とあやまり、他の4人もKの苦しさを理解していた。

もちろんその場ですべて解決はしないし、解決しようとも思っていない。ときにはケンカにもなるが、加害者と被害者の対立ではなく、生徒の中で勝ち負けを決めるためでもなく、自分が何に傷ついたのか、苦しさを分かってほしいと訴えることが大事だ。生徒同士の解決力は、教師が思うよりも強いのだ。

⑸学校祭は部長を決める

宿泊研修も終わり、朝のHRで「今日は学校祭の部長をきめます。やりたい人！」と訴えた。それまで「学校祭はおもしろいよ、それに部長なんかやると最高、絶対やったほうが楽しいって、誰でもいいからやってみよう！」とさんざん生徒をあおっていたので、次々と手が上がった。

4月のバレー大会や、宿泊研修の経験から担任の「完璧なんて求めてないし、失敗してもOK」が浸透してきた。完成度を求められ「だれも手伝ってくれない」と一人で泣きながらやる学校祭は苦痛しかない。自分たちが決定し、行動する楽しさを感じる大チャンスだ。そしてその経験が、提案する・発言する・行動する力になる。だから失敗してもだいじょうぶなのだ。

ダンス部長は「ナンバー2をめざす」と宣言していたY。焼きそば部長は、クラス委員長のM。Tシャツ部長は成績優秀なSに決定した。やる気がでそうなネーミングも大事だ。その後も行事になると、完全立候補制で部長を決定していった。

それぞれが一生懸命やり、みんなが協力して学校祭は終了した。そこで、Tシャツ事件がおこった。女子10人ほどが、クラスで作成したTシャツの裾や襟元を切り、Tシャツに穴を空けたり落書きをしたりした。クラスTシャツはSが「みんな、気に入ってくれるかなぁ」と何度もデザインを直して「黄色の金魚41匹」Tシャツをみんなに提案し決めたものだ。Sは「同じ中学の人と会いたくない」とA高校にきた成績優秀な生徒だ。入学時からこの騒がしいクラスに馴染もうとしていたのが分かったし、そんなSが切り刻まれたTシャツを見て傷つき、友だちに失望していたのも分かった。これは絶対に許さないと怒りがわき、学校祭が終わり浮かれている生徒に、「ふざけんなってSがどんな思いで作ったのか分かってるのか」と怒りが爆発した。「そこまで怒るか」と生徒がびっくりするぐらい怒った。最後は全員悲しい気持ちで最初の学校祭は終了した。

学校祭で部長をやりきったMは、夏休み明けに、人数が足りないとTの誘いを受け、同じく初心者で「ナンバー2になる」と言っていたYと一緒にバスケ部に入部してきた。これで女子バスケ部は5人になり、やっと試合に出ることができるようになった。私がバスケ部顧問だったため、Mと話し合うことも多くなり、Mは毎日の練習や他校との練習試合へも積極的に参加し、「学校やめたい」と言わなくなっていた。

⑹体育祭、遠足、卒業プロジェクト

8月、HRで「優勝をめざす最強チームをつくろう」と訴え、体育祭に向けてむかで部長・騎馬戦部長・綱引き部長・リレー部長など8種目の部長を決めた。中でもむかで部長にKさんが立候補して、みんなは「え~っ！」とびっくりした。Kは入学してから真面目なことや、責任のあるようなことはしない生徒で、いわゆる派手めな女子高生で学校には興味がないと思っていた。クラスの生徒にとっても意外だったし、私もびっくりだ。

しかし、「むかでがこわれた」と職員室に持ってきていっしょに修理したり、練習では大きな声を出し、みごとにみんなを引っ張っていた。終わってみるとKは「今までこんな責任のあることは経験したことがない」と言って満足そうだった。

部長は選手決めも、練習の時間や、チーム分けも作戦もすべてクラスに提案し、生徒も部長に意見を言う。「頼られる」、「決定する」ことで生徒は頼もしくなる。私も「部長にきいてみるわ。部長に相談して」と部長に徹底して頼ることにしていた。体育祭は練習が大事だ。練習もしない体育祭は意味が無い、練習こそが部長を育てる。そしてKみたいに「誰にでも部長はできる」という感じがHRの中に広まった。

遠足は面倒くさいほど多くの生徒が関わらないと出来ない。だからめんどくさい遠足はおもしろい。なのに本校では授業時数の確保を理由に遠足を中止していた。「1年だけやっていいのか」と反対もあったが、LHRの時間をやりくりして計画を立てた。歩いて2時間の公園へ行き、カレーを作ることにした。ただカレーを作ってもおもしろくないので、「カレーコンテスト」にした。前日に班ごとに買い物をして、公園へ食材を持って行く。カレーを作り、遠足に参加した教員全員分も作り審査する。生徒にとっても、このめんどくささが楽しいのだ。優勝チームには生徒のリクエストにより「チュッパ・チャプス40本」をプレゼント。これは学年で引率した先生たちで出資した。

2月になり、生徒に「卒業プロジェクト」を投げかけ「雪像プロジェクト」に決定。クラスでも大人しいRがデザインした雪像をHRで提案し、前日の卒業式の予行練習後に全員で作成。3年担任の像と40個の雪だるま。先輩一人ひとりへのメッセージカードを雪だるまに刺した。

3月16日のLHRで、「反省と総括のないところに前進はない！」と話し、「1A年度末反省会議」を行なった。進行はMで、「奇声・おしゃべりで授業がうるさすぎで、先生の声が聞こえない」、「男子から陰口を言われて不愉快だ」と発言した女子もいて、うるさい男子からも発言を求めた。もちろんこの会議もうるさく、けっこうぐちゃぐちゃであったが、中には「最初はひどかったけどだいぶ良くなった」という意見もあった。Tシャツ事件で傷ついたSは「ずっとうるさいクラスだったけど、けっこう楽しかった」と意見を書いていた。反省会議に出た意見はまとめて全員に配布した。私は「1年でいろんなことに挑戦した。これから自分たちでもっと感動のある高校時代にしてほしい」と通信に書いた。

⑺ 2年になりプロジェクトが定着

1年間のプロジェクト、部長作戦により、2年からの行事は勝手に「プロジェクト」が定着した。学校祭も自分たちでステージ部長・お好み焼き部長・からあげ部長・会計部長を決め、遠足では、昨年のカレーコンテストをうけ、生徒が「てっぱん焼きコンクール」を提案した。体育祭も各種目の部長を決め練習し、総合優勝した。

本校は全校生徒が町内マラソン大会に参加している。6月の練習で体育の教員から「コースをはずれて、お花を摘んでいる。他人の家に入って犬と遊ぶ。だらだら歩いて練習にならない」と言われた。私は「これは大問題だ、全員で練習しよう！」と訴えた。

この事件を「大問題」にしたのは体育教員へ「担任も、対策はちゃんとやってますよ」とのアピールでもあるが、養護教諭から「走りたくない」と言っている女子生徒がいると聞いていたので楽しく練習する機会を考えていた。男子が練習の先頭になり、遊びながらコースをはずれる女子ももちろん参加し、体育教師もまきこみ練習につきあってもらった。放課後やLHRを使っての練習はぐだぐだだったが、みんな楽しく練習して、マラソン大会当日は全員でゴールしていた。

⑻理科ボイコット事件を大事件に

３時間目の授業が始まってすぐ、M、Y、Tをふくむバスケ部４人が教室を出て行った。私はすぐ管理職に呼ばれ、注意され出て行った４人に話を聞いた。

発端は理科教師が授業開始の時、Tに対し「ちゃんとあいさつしなさい」と指導したことだった。Tは「ちゃんとやってるし」と答え、「だからバスケ部は西高校に勝てないんだ。俺が顧問だったら、勝たせてやる」とまで言われ（私がバスケの顧問だったために）、カッチーンときたバスケ部４人が教室を出て行ったのである。その理科教師は出て行かなかったもう一人のバスケ部員に「おまえは、出て行かなくていいのか？あいつら、まるでチンピラだな。どう思う？」とまで言い放った。この生徒も「私だけ教室を飛び出すことができなかった。みんなが悪者になった」と苦しい思いを話してくれた。

私はすぐ暴言教師に「本当に、バスケは勝てないとか、チンピラとか生徒に言ったのか。生徒は傷ついているのがわからないのか」と迫ったが、「あの生徒の態度が問題だ」と話にならない。生徒に「謝罪しろ」とはもちろん要求なんてしないし、生徒を責められるわけもなく、むしろ「私も悔しい、腹が立つ」と生徒に私の思いをぶつけた。悔しい気持ちのまま生徒は、今までどおり練習した。

翌朝、管理職に「教室を出て行った生徒が部活動をしていいのか」「生徒を指導して謝罪させたのか」とつめられた。教室を飛び出した生徒が一方的に悪いと決めつけられていた。暴言教師に謝りに行かせれば解決する問題だったかもしれないが、これは黙ってはいられない。生徒の想像を超える「大事件」にして徹底的に闘おうと決意し、バスケ部４人を呼び出した。生徒に「このままでいいのか、理科教師と話ができるか」と聞くと「うちらも、話がしたい」と言ってきた。理不尽なことには自分で「おかしい」と言わないとだめだ。私と副担任も入り理科教員と生徒４人と2時間ほど話をした。

T「あいさつをちゃんとすることと、バスケは関係ないし」

M「うちらだって、一生懸命練習してるし、見に来たこともないくせに勝手なこと言うな」

Y「うちらのこと、みんなの前でちんぴらって言う方がひどい」

など、言いたい放題だが「けっこう、まともなこと言ってるな」とうなずきながら聞いていた。暴言教師は「バスケ部を侮辱したこと、チンピラ発言」に対し謝罪をしたが、「そもそも2年の授業は崩壊しているのではないか」とも言われた。「授業規律をしっかり・学びあうHR」を訴えてきた真只中の事件であった。私も「うるさいのはしょうがないか」と軽く見ていた日ごろの指導について反省せざるをえず、また授業規律をちゃんとすることにさらに異常なプレッシャーをかけられた。

理科ボイコット事件をきっかけに、いま、授業がどうなっているのかLHRで討議をした。生徒から「授業がうるさくて困る。奇声・おしゃべり・騒音で先生の声が聞こえない」と意見が出た。大人しく自分の意見をなかなか言わない生徒からもまた、「男子3人がうるさい」と意見が出た。一方で、自分たちが反省しなければならないのに、先生への要望も多く出てきた。生徒に「義務を果たしてから、権利を叫べ」などと要求したら、いつまでも権利を主張できない。「うるさいけど要求はある」。これはいいぞと思った。

生徒から「先生への要望をつたえよう」と提案があり生徒の意見をまとめ、先生ごとに要望書を作成した。中には「その前に、おまえたちが静かにしろ」と言う先生もいたが、「黒板の字を大きく書いて」とか、「ノートにまとめやすいように重要なところを言って」などの要望は届いたようだ。「要求が実現する」経験が大事だ。しかし、しばらくは授業も真剣になったが、またすぐ「授業が最悪です」と通信に書く状況にもどっていた。

「授業がうるさくて困る」状況は生徒からも教員からも3年の最後まで続いた。学級通信で「授業が最悪です」と訴えることとなった。

⑼Mとのケンカ：Mの苦しさと私への抗議

2年の9月、Mの祖母が自宅で自殺し発見者がMだった。Mは学校のすぐそばに母と祖母の3人で生活していた。1年で委員長に立候補し、服装や化粧で指導されることもあったが、卒業後は母の店を継いで美容師になる夢をかなえるために、勉強も部活動も頑張っていた。学校祭での部長、見学旅行プロジェクトも仕切っていて、私はMを頼りにしていた。

その日は日曜日でバスケ部が練習のため体育館に集まっていた。私はMが来ないので「また、Mはさぼりか」などと話していると、Mから電話が来た。Mは「わーっ」

と何か叫んでいて、何を言っているか分からない。私は「M、どうした?何言っているか分かんないよ、何してんだばーか。とにかく早く来いって」と言っている間に電話が切れた。そのときMの異変に気付くことができず、「ばーか」と言ってしまった。その日のうちに事件が学校に伝えられた。Mがどんな気持ちで電話をかけてきたのか考えると苦しくて、しばらくして登校したMに「あのときはごめん」と話しかけることができなかった。

Mはこのことがきっかけに、一気につまずき、部活にも来ない、遅刻・早退が頻繁になった。毎朝きっちり化粧をして髪もきれいにセットして遅刻してくる。遅刻をすると職員室で「遅刻届け」をもらわないと教室には入れない。私はMが職員室に入ってくると、とにかく急いで教室に行かせた。「おい、化粧するな、そんな暇あるなら遅刻するな」と周りの教師から言われるのを避けるためだ。「お願いだからMにかまわないでくれ」と願っていた。Mがいなくなった職員室で「おいおい、あれはひどいな。担任は指導しないのか?」と言われるが、私はMに注意することはなかった。

祖母を亡くし自分が第一発見者となったMの苦しみを想像すると、何を話していいかわからず、今までのように「M、ちょっとやりすぎ」なども言えなくなっていた。しかも私はMが助けを求めていたかもしれない時、Mを突き放したのだ。Mの苦しみに向き合うことを私は避けていた。

しかし、そんな状況も長くは続かず、ある日の朝に遅刻してきたMと職員室で話をしていると、ある教員が「化粧して、髪をまとめて遅刻するなんて、おかしいだろ」と強くどなり注意をした。Mは何も答えない。私は「M、そうだよ。○○先生の言うとおり。これから遅刻しないようにちゃんとしようか」と注意をした。

その日の放課後、Mは手書きで自作の退部届けを、バーンと私の机にたたきつけた。「もう、バスケやめる」ともものすごく怒っている。私はMを追いかけ廊下で捕まえここでケンカだ。私は「無責任なことするなって、何考えてるんだ。いい加減にしろ。理由は何だ」と言っても、「もう、いい」と言うばかりだったが、「りさちゃんはうらぎった」と言うのだ。朝の「遅刻しないようにちゃんとしようね」が原因だった。私は「それと、バスケは関係ないだろ」と反撃したが、Mは止まらない。同じバスケ部のYが来て「Mの化粧や髪を注意した先生が悪い」と私に言ってきた。

私は「担任は何をしているんだ」という圧力を感じながらも、「今は遅刻や化粧なんて、そんなことはどうでもいい」と思っていたし、髪をきれいにセットして「今日は可愛い？」と言いながら学校に来るMに「よく来たね」と迎えていた。しかし、職員室でMがどなられたとき、私は周りの教員からの圧力から、ちゃんとしてほしくもないのに「ちゃんとしようね」とMを守ることを放棄したのだ。Mの周りが全員敵になった瞬間だった。

バスケの練習をしている体育館の隅で、2人で座って話をした。まず、朝の職員室での事について私から「ごめん」とあやまった。

Mはそれを見抜いていて「りさちゃんらしくないよ」とも言った。さらに私は、Mに本気で向き合わず、距離をおいて何もできずにいることについて「ごめん、勇気がなかった。Mの苦しさを理解しようとしないで逃げていた」とやっと言うことができた。Mは「そんなの、あたりまえじゃん、理解してもらおうなんて思ってないし、気にしてないよ」と言った。

そもそも退部する気はなく、Mの裏切られた気持ちをぶつける方法が退部届けだった。Yの説得もあり退部は阻止することができた。それから「遅刻をしないように早く来る」ための作戦を立て、「もう退部届けは出さない。もう、ケンカはしない」とお互いに約束した。

それから、部活動にも来るようになり、Mは見学旅行プロジェクトのリーダーとして準備を再開し、最後までクラスをまとめていった。

⑽沖縄見学旅行プロジェクト

見学旅行は12月に4泊5日で、沖縄と東京に行く。ルールづくりや、イベントづくりを全部生徒に考えさせることにした。

夏休み明けすぐに、見学旅行プロジェクトを立ち上げた。M、Y、Tが立候補した。プロジェクトが提案し、クラスで決定する見学旅行づくりが始まった。

まずは、ルールづくり。プロジェクトは「服装は全行程私服」を提案してきた。例年は自主研修のみ私服であったし、服装で指導される生徒が多い学年だったので、これは厳しいかなと思っていた。プロジェクトは「制服と私服を両方持って行くと荷物が重い。海や山などの活動が多い」などを理由に教員側を説得した。そして引率団から職員会議で私服を提案し決定した。

「夜の海でのイベントは何をするか」、「伊江島でなにをしたいか」プロジェクトはHRで生徒に意見を聞いて、決定していった。他の生徒も平和部、チーム海、しおり作成班など3チームに分かれての活動が始まった。座席や部屋割り、弁当の種類も各班の代表を集めて、みんなが納得するようなものをプロジェクトが提案していった。教員側がやってしまった方が楽だが、どんな小さなことでもプロジェクトチームに相談して決めることにした。これが重要だ。

見学旅行でプロジェクトチームが一番力を入れたイベントが、海での花火大会と『おばけ大会』だ。花火は私が下見に行ったときに沖縄で買い、ホテルに届けておいた。おばけ大会は、行く前におばけに変装するためのグッズを準備し、沖縄で「こんにゃく」も買い、準備万端。

しかし、夕食中に生徒があまりにも興奮し、座敷で暴れたため、校長から夜の海へ連れて行かない方がいいのではないか、危険ではないかとストップがかかった。私も生徒の興奮ぶりを見ると中止も仕方ないなと感じていた。プロジェクトメンバー3人を大広間に残し、校長と私で「夜の海はやっぱり、危険だから中止しかないのではないか」と伝えた。教員側からの一方的な中止決定では今までの計画や、プロジェクトとして大事にしてきたことがすべてパーになる。あきらめるのか、緊急事態を乗り切るのか、生徒に決断をせまることにした。

3人は一度部屋に戻り、花火大会を成功させるための注意事項を考え、それを引率教員全員の前で訴えた。

①海には絶対入らないように係を置くこと、②1人では行動しないこと、③行く前に全員に落ち着くように話をすること、を条件に夜の花火大会とお化けイベントを実施することを提案してきた。私は「ちゃんとみんなを説得できるか」と3人に確認した。真剣なまなざしの3人がすぐに実行するための準備を始めた。

夜になりホテル前に全員が集合し、Mが「みんなが騒ぎすぎて危険だから先生たちから花火大会は中止すると言われました。でも、今まで準備をしてきたのでなんとか成功させたい。これからいうことをちゃんと守ることができますか」と生徒に呼びかけた。このときの緊張感は最高潮だった。「海には絶対入らない。海辺の係は男子5人、一人で行動は絶対しないで」と全員に説明し、ホテル裏の暗く長い道を通り、ビーチへ向かった。男子が海辺に立ち生徒が飛び込まないように注意し、花火やおばけ大会を楽しんだ。翌日の朝は、花火の後片付けのため数人と海辺を掃除した。

Mはバスレクにもこだわり、毎日、いろんなゲームでみんなを楽しませていた。

⑾ 3年になり卒業式も勝手にプロジェクト

7月学校祭売り上げ3年分で海へのバス遠足をした。10月のある日、教室の天井や窓からドアまで、ハロウィンの飾り付けでいっぱいになり、ほかの先生から注意を受け、教室の飾りを「撤去せよ」と言われた。私は先生たちに「じゃ、3日間だけでも」とお願いし、ハロウィンの飾り付けいっぱいの教室で勉強した3日間だった。

3年生にとってのバスケの最終試合は10月にあった。3年間1回も勝つことができなかったチームだったが、最後まで5人で戦った。試合後にMが手紙を書いてきた。手紙には「たくさん、思い出をつくって、40人全員で卒業しよう」と書かれていた。

卒業に向けて卒業プロジェクトでは、男子11人全員で答辞を作成し、アルバムや文集を生徒が時間をかけて作成した。11月からはMが提案し、40人が1枚ずつ書いたカウントダウンカレンダーが毎日めくられていった。

卒業式もMが勝手にプロジェクトチームを作り全員で準備をしていた。卒業式が終わり、さぁ退場というと き、3年生全員起立していきなりピアノの伴奏でキロロの「ベストフレンド」を歌い、先生方や保護者への感謝の手紙を読み、その後保護者全員を被服室に案内し、思い出のDVDを流した。最後まで自分たちのペースで、友だちや親や先生たちへの感謝の気持ちがいっぱいの卒業式だった。

40名全員が満足したHRだったわけではなく、「うるさい」と文句を言う生徒もいたし、友だちとのトラブルも多いHRだった。授業も最後までうるさかった。

入学時、学校体制に傷つき、苛立ち、生きづらい社会に希望をもてなかった生徒に、まずは「学校へ行こう。楽しいことがある」と思わせたかった。管理を強化し、自己主張もできない従順な生徒を育てたがる教師から生徒を守ろうと思った。「まず、ちゃんとやることやってから、権利の前に義務を果たせ」なんて言ってると、いつまでも生徒は何も主張できないままなのだ。誰にでも失敗は許されるし、要求を叫ぶことはできる。要求を叫ぶ力をつける学校でありたいと思う。

（かとう　りさ）

連載

実践記録から「生活指導」を読み解く

218号特集1　河上実践　「本気」が伝播するとき

老田　望×相良武紀

弱さをさらけだす「強さ」

老田：この実践で一番印象に残ったのは河上さんが涙を流したところです。すごい自己開示しているなぁと。

相良：涙が自己開示なの？

老田：いや、涙ではなくて、「もっと早く言ってくれればよかったのに」って言う部分はN先生を少し責めてる気がして。河上さんは、N先生の意見の方が良い案であることはわかっているけど相手を責める思いも出てきたという気持ちをそのまま描いてる。正直だなぁって思いましたね。私だったらその気持ちは出さずに「自分が悪い」って思う方が楽に思ってしまう。

相良：おもしろいね。自分は「完璧なものを提示できなかった悔しさ」を示していることの方が正直な気がしたな。生徒のためとか言うけど、良いものを掲示したい思いは一方で自己評価へのこだわりとも受けとめられるからね。N先生に「何今さら？」って言いたくなるのはむしろ自然と捉えていたかな。

老田：なるほど。

相良：自分の非として受け止めた方が楽だという感覚は、場合によってはわかる気もするけど、明らかに不公平な扱いをうけてもそうするの？

老田：相手を責めることになるような気持ちを出してしまうのが申し訳ないという気持ちですかね。自分が傷つかないために自分の弱さをさらけ出すことに抵抗があるのかなと。

相良：なるほどね。老田さんは自分の弱さをさらすことは弱さだと思うの？

老田：それ最近すごく考えてたことがあって、自分の弱さをさらけ出すことが弱いんじゃなくて、自分の弱さをさらけだせないことが弱さなんだって思ったことがあったんです！

相良：自分の考えがあっても、それを相手に言えないことが弱さだと。

老田：そう。だから河上さんのこの部分を読んで魅かれたんだと思います。すごい自己開示しているなって。最近の自分の弱さと重ねて読んだのかも。

相良：だから老田さんからみて、河上さんがとても正直というか「強いな」って映ったっていうことなんだ。

老田：そうです！それで言うと、演劇をやりたいっていう本気の気持ちを最初からさらけ出しているのもすごい。本気でやりたいっていう気持ちを出すのって勇気がいるから。涙を流しているのと同じで正直だな、強いなって思うんです。なんでこう動けるのかなと。

相良：216号に掲載されたタクミとの実践についての回想が、他校での実践なのに2度も出てくるんだよね。河上さんは、タクミとの実践記録を書いたことで得た気づきに、誰かに責められたという意味ではなく、突き付けられいるんだと思う。タクミという生徒の声にもならない想いに応えきれなかったという感覚。それが実践への覚悟のようなものとして現れている。

老田：なるほど。

相良：河上さんは現在も薬物依存の治療に励むタクミとのかかわりを続けているんだよね。今のタクミの苦しい現状を知っているからこそ、本人の言葉でいえば失敗への償い、懺悔みたいな気持ちがこの実践の本気を支えている気がする。実践者は、自分が応えていると思っていたことが、できてはいなかったことを突き付けられるとき、問われるよね。

老田：タクミさんと今でもかかわりを続けているって聞くとこの実践の捉え方もまた変わりますね。

みんなにとっての演劇を対等に探る

相良：河上さんの本気が伝播して新しい景色が見えるような動きになっている。リーダーの熱に周りがついていけなくなるはよくあるよね。でもこの実践はうまく嚙み合っているようにみえる。なんでだろう？

老田：河上さんが文化祭のチーフになって最初にS先生とA先生と作戦会議したときに、不安を話したっていうところがすごい巻き込んでるなって思って。上から引っ張っていくぞっていうよりは、対等な関係を築こうとしているなと思って。

相良：生徒に対しても対等だよね。出た意見を周囲にも見える形でどんどん採用しているよね。あと、学年主任に対しても対等（笑）。学年主任がメンバー変えたいって言った際には生徒が混乱すると突っぱねてるもんね。「苛立ち始めて」ってこれも対等だよね。

老田：そうですね。

相良：さっきの涙を流した場面で「もっと早くいってくれよ」という想いがありつつもN先生のアイデアは採用している。これは対等？

老田：対等だと思いますね。悔しいからってつっぱねることもできたと思うけど、良い案だから取り入れている。あと、泣いてしまったことをN先生に詫びているのも対等だと思います。泣いてしまったら自然と相手が申し訳ないって思うのでそこで崩れた対等性を対等な関係に戻してる。

相良：そのあと感謝も伝えているしね。河上さんの軸は教員や生徒にとってそのアイデアがいいかどうか、かな？学年主任でもよくなければ突っぱねるし、言うのが遅くてもよかったから採用している。でも人間だからどうしても感情が生まれ、抑えることができずに周りに心配をかけるけど、そこはしっかり謝罪する。整列が未だに難しい生徒たちと、かれらを支える教員とが阿吽の呼吸で動けないといけない。作成された資料にはすごい時間がかかってる。「あの資料と涙で本気になりました」っていう周りの先生の言葉は、そんな河上さんの在りようが呼び込んだと言えるのかね。

想いは言葉にすることで形になる

老田：相手に意見を聞こうとする場とか発言できる場というのはすごく作られていますよね。本番前に国語の時間で生徒がスピーチする実践とか。あそこで生徒たちは自分たちの不安を表現している。しかもそれに他の生徒が応答して、提案して、それを本番でも採用している。

相良：河上さんは「想いは最初からしっかりとした形で心の中にあるのではない。自分で言葉にすることではじめて具体的になり、行動が変わっていくのだ」「人に聞いてほしいことがあれば、ネガティブなことを話してもいい」と言ってるけれど、こう説明したら生徒たちが語り始めるという単純な話じゃない。老田さんが言うように自分の弱さをだす強さや、みんなにとっていいアイデアは、たとえ後だしでも原則に縛られず取り入れていくということが、授業内外で体現されているから、生徒たちも言っていい、まとまらなくても話そうって思えるのかもね。

老田：学校の授業ではよく「自分でしっかり考えてから話しなさい」っていうことを先生はいいがちですよね。でも、私が河上さんの生徒だったらとりとめもなく話してもこの場だったら大丈夫って思えるし、キレイに話さなくてもいいと思える。むしろ語っていくうちにどんどん自分の語りが出てくるんだろうなって思う。

相良：確かに真逆の発想だよね！一般に言われる前提として、頭の中にあるものをまず固めて、それを正確に表現することが良しと意識されがちだけれど、河上さんは、心の中にしっかりした形なんて最初からないし、表現しなければ形にさえならないと言っている。

老田：この前提は、タクミの実践も関係していると思っていて。タクミの気持ちを教員に表現させることがうまくできなかったという河上さんの想いがあるのかなと。

相良：そうだね。河上さんの想いに共感するなぁ。今もそうだけど発言する時って形になっていないことがほとんどだからね。それを正確に表現しなさいっていう発想自体不自然だと思う。

老田：正確に表現しなさいって言われたら何も言えなくなってしまいますね。

相良：それを良しとする発想は、逆に自分の言動を自分自身で不自然に縛ってしまうことにもつながる気がする。

心配だから巻き込み巻き込まれる

相良：でもこの実践は河上さん一人でできた話ではないよね。例えば学年主任とうまくいっていないときに飲み会を提案したのはS先生だった。泣いてしまったあとにも二回目飲み会があって大事な機会になっている。

老田：まわりが巻き込まれているというか、河上さんが周りを頼っているように感じる。でも頼るって結構難しいですよね。なんで頼れるのだろう？　なんで巻き込んでいけるのだろう？

相良：河上さんは、2年生からこの学年に入っているのもあって頼らざるをえなかったんじゃないかな。生徒個々の特性もわからないし、学年の先生の様子も歴史もわからない。

老田：私はやっぱり最初にS先生とA先生に自分の不安を話したのが大きい気がします。自分なら方針を伝えていくことに集中しそうな場面ですけど、そこで「不安」を話したのは自分が先に出さないと相手も出してくれないと思ってのことではないかと。その意味で河上さんは意図的にやってるのかな。

相良：どういう意図があったと？

老田：まわりに在ってほしい姿を要求したいから、自分も体現しよう、自分から人に頼ろうみたいな感じですかね。

相良：確かに…その意図もあったかもしれないけど、やり取りして思うのは、ほんとに…ほんとに不安だったんじゃないかな？（笑）この本気の不安が周りを巻き込んでいくんじゃないかな。なぜそんなに不安かというと、この文化祭をみんなのものにするには、河上さんにとってではなくて、河上さん含めたみんなにとっていいアイデアが必要で、そのためにはみんなに意見をもらわないわけにはいかない。河上さんが目指しているのは形式や業務を超えた「青春」の経験だから、一般的な話では通用しなくて、そこにいる腰の重い教員を巻き込み、同時に生徒引き込めるような活動がつくれるかどうか、心配だったんじゃないかな。

老田：なるほど！

相良：自分にすでに形があって、それを周りに実施してもらうという一方向的な発想とは違うよね。それでは青春は実現しないことを河上さんは知ってる。その為には周りも本気にならないと実現できない。でも周りに本気になってもらう（例えば、自分事にしてもらう）ために教員は熱くなればいい話でも、合理・形式的に実践していけば実現する話でもない。河上さんはこの課題の重さを感じ取れているから不安になるんじゃないかな？

老田：河上さんが意図的に巻き込んだとかじゃないんでしょうね。考えていることが相手に対等に受け止められることがいかに難しいかを自覚して向き合っているからこそ、心配になり、巻き込まれていくのかもしれない。

相良：思いは最初から形としてあるわけではないし、あると思っていても、他の形が入ってくることで化学反応していけばいい。というか、そうでなければ青春にはならないぐらいの感覚だったかもしれないね。

北海道外に住むアイヌとアイヌらしさ

米山莉央
（東京都立大学2024年3月卒業）

私はアイヌ？？

私の祖母は北海道で生まれ育ったアイヌ民族である。一方、静岡県で育った私にはアイヌとしての経験がほとんどない。大学に入るまで、私が知っていることは小中高の教科書に数行載っているアイヌの歴史だけだったし、小中高の授業でアイヌがどのように扱われていたのか思い出せないくらい薄い記憶しかない。家族とアイヌについて話したこともなかった。

私がアイヌのルーツを意識し始めたきっかけは大学の講義だった。その講義をしていた教授の紹介で様々なアイヌの方と交流した。アイヌの歴史、アイヌの人たちの大変さや生きづらさを知る機会になり、とても勉強になった。一方、大学まで自分がアイヌだと全く意識せずに過ごしアイヌ文化を受け継いでいない私が、祖母がアイヌだからという血縁だけで判断され、アイヌだとラベリングされることへの違和感とアイヌのことを全く知らないことへの引け目を感じ、「アイヌだと名乗っていいのだろうか」という迷いが生まれた。

アイヌらしさというステレオタイプ

そこで卒業論文で自分のルーツと向き合うことにした。論文に書いた中でここで取り上げたいのが「アイヌらしさ」と「わたしたち」の存在である。

皆さんはアイヌと聞いたとき、北海道、彫りが深い、立派な髭、アイヌ文様を思い浮かべるだろうか。漫画『ゴールデンカムイ』に出てくるアイヌを思い浮かべるかもしれない。それらは全てステレオタイプ、社会が作り出した「アイヌらしさ」である。実際の現代のアイヌはほとんど和人と変わらない生活をし、和人と区別が付かないくらい同化させられている。かくいう私もステレオタイプを持っていた。先に述べた私の引け目や迷いも、アイヌであればアイヌ文化を受け継いでいるのが当たり前、というステレオタイプに縛られた結果だったといえる。外見に関しても私はよく「アイヌっぽくない見た目だね」と他のアイヌに言われる。このように「アイヌらしさ」にアイヌを知らない人々だけではなく、アイヌの当事者たちも縛られている。

ステレオタイプが生まれる過程

なぜこのようなステレオタイプが生まれてしまうのだろう。それはステレオタイプから外れた存在が隠れてしまっているからだ。メディアなどの表に出て注目されるのは、アイヌ文化を継承している人やアイヌのための活動を精力的に行っている人である。しかもそこではアイヌとしての一面が強調されて取り上げられ、その人のアイヌの活動以外の日常的な生活が取り上げられることはほとんどない。こうした取り上げ方が「アイヌはこういうものだ」というステレオタイプを生み、それから外れたアイヌは「アイヌらしい」アイヌと自身を比較し、自分を恥じたり引け目を感じたりするようになり、さらに隠れてしまうのである。

私だけじゃないんだ

私が講義で出会ったアイヌはどの方もアイヌとしての誇りを持ちながら活動する素晴らしい方たちだったが、表に出る「アイヌらしい」アイヌだった。私の引け目はアイヌ語教室に通うことで少しずつ消えていった。アイヌ語教室で首都圏に住む老若男女のアイヌに出会い、「アイヌなのにアイヌのことを知らない」のは私だけではないこと、私以外のアイヌも経験は少ない中で今こうして一生懸命学んでいると分かったからである。

私のようにステレオタイプ化されたマイノリティ像と自身の違いに悩むマイノリティは多いだろう。同じマイノリティと分類される人の中にも様々な形があって一元的ではないのだが、どうしても○○らしいとされるマイノリティに目を向けてしまいがちだ。

道外にもアイヌはいます！

教員の皆さんにお願いがある。それは「わたしたち」にも目を向けてほしいということだ。学校での数行の学びさえも当事者にとっては重要となる。普段、アイヌのルーツを意識することが少ない北海道以外に住む子どもや若者にとって、学校でのアイヌ民族の歴史や文化を扱う授業や活動は数少ない学びの場である。教員はアイヌのルーツを持つ当事者が実際にクラスの中にいるかもしれないと思慮してほしい。「わたしたち」のようなアイヌは北海道だけではなく日本全国にいるのだ。そして、それはアイヌだけではない。他のマイノリティと呼ばれる人も目の前にいる可能性を常に考えてほしい。

マオリの方たちと交流して

卒業論文提出後、アイヌ文化財団の研修で、北海道で暮らす同世代のアイヌの人たちとニュージーランドに行き、先住民族のマオリと交流した。先述した「引け目」をまた感じて、そのことを正直にマオリの方に伝えたら、「私は子育てを始めてからマオリのことを学び始めたんだよ。むしろ早くから学べてラッキーだね」と言ってくれた。他の研修生たちとの会話を通じても、私なりにアイヌと向き合っていくこれからの方が大切だと思えるようになった。私はこれからも東京でアイヌ語やアイヌの文化・歴史を学び続ける。

映画の中に「世界」を読む 20

永遠の絆

牧口誠司

『コット、はじまりの夏』
監督　コルム・バレード
2022年　アイルランド映画　95分

　長い手足を持て余したその少女は、家にも、学校にも居場所がなかった。語るべき言葉を持たず、自分を信じることもできず、だから「quiet girl」(原題)であることを余儀なくされていた。ある日、母親の従姉妹のアイリンから手紙が届き、出産を控えた母の負担を減らすために、コットは夏の間、アイリンとショーン夫婦に預けられることになる。はじめは目も合わせられず、自分から話しかけることもできないコット。しかしアイリンの溢れるような愛情と、ショーンの不器用ながら優しい心遣いに、少しずつ少女の心は溶けていく。コットの髪をていねいに梳かしながら、アイリンは「1、2、3・・・98、99、100」と囁く。アイリンとショーンの一つ一つの行為が「あなたの居場所はここですよ」「私たちはあなたを愛していますよ」と告げる優しいメッセージであり、それによって常に不安なまなざしでいたコットが、少しずつ自信をもって行動できるようになっていく。

　そしてコットは、徐々に仕事を任されていく。毎日アイリンと手をつなぎながら泉へ水を汲みに行き、玉ねぎの皮をむき、掃除機をかけ、ショーンと一緒に牧場の掃除をする。仕事があるということは、頼られているということだ。それはそこにその人の確かな居場所があるということでもある。

　僕は高二の時、雑誌で見た北海道の牧場にいきなり押しかけて一年間働かせてもらったことがある。一日の仕事が終わると、心地よい疲労とともに、自分はここで生きているという確かな実感を味わうことができた。仕事を任されるというのは信頼の証であり、言葉にできないほど嬉しいことであった。

　コットの表情は次第に明るくなり、アイリンにも、ショーンにも屈託なく話しかけていくようになる。極めつけは、ショーンに言われて家から遠いところにあるポストまで走って郵便物を取りに行く時の、躍動感に満ちた喜びの表情である。そしてそれは、ラストシーンの伏線にもなっている。

　この映画では、アイルランドの言葉

が重要な意味を持っている。登場人物は、コットの父親以外、皆英語とアイルランド語の両方を話す。普段はアイルランド語をしゃべり、コットの父親のように英語話者が相手の時には、すっと英語に切り替える。土地の言葉、それは、その土地で生きる人たちの言葉であり、生活そのもの、精神そのものでもある。

「我が家には秘密がない。秘密がある家は恥ずかしい」と言っていたアイリンだが、夫妻にも、人には言えない悲しい過去があった。コットが着せられる古着や、部屋の壁紙に、さりげなくそのことが暗示される。コットから「この家に、子どもはいないの?」と聞かれ、ほんのわずかな間を置いて「ええ、いないわ」と答えるアイリン。コットを牧場に連れていき、ちょっと目を離したすきにいなくなった彼女を探し、納屋でコットを見つけると、「二度と目の届かないところに行くな」と怒鳴ってしまうショーン。そのどちらにも、悲しい過去が影を落としている。

心無い隣人から、二人の秘密を聞かされ、思わず不安に駆られて夫妻にそれを正直に話すコット。一人で部屋に籠ってしまうアイリンを置いて、ショーンがコットを連れて夜の海に向かうシーンは特に印象的である。コットに子馬の話をするショーン。二人を、満月と、海に映し出された光の道が優しく見守っている。そこで語られる仔馬のエピソードは比喩でもあり、コット自身の死と再生の象徴でもあるのだろう。

しかしいつまでも楽しい時は続かない。夏は終わりを迎え、コットは実家に送り届けられる。相変わらず無愛想な父。弟が増えたとはいえ、母も姉たちもコットの帰りを歓迎するでもなく、やはりコットの居場所はない。別れの挨拶もまともにできないまま、アイリンとショーンは家を辞す。しかし二人が去った後、思いが溢れたコットは、車を追って走り出す。今まで持て余してきた、けれどこの夏、その意味を見出した手足を存分に使って。そして一度車を降りて、門を閉めようとしていたショーンの元へ駆け寄ると、そのまま真っ直ぐ彼の胸に飛び込んでいく。ショーンにきつく抱きしめられながら、遠くから近づいてくる父親のダンの姿が見える。最後の最後に、ショーンの胸に顔をうずめながら、コットは同じ言葉を二度ささやく。この先、何が起ころうと、コットとアイリンとショーンの間の絆は永遠に失われることはない。そう確信させられる、素晴らしいエンディングであった。そう、これは一人の少女が自分の人生を生きはじめる、「はじまりの夏」を描いた映画なのである。

電車の駅をあえて一駅先で降りて、家に帰るまでに 30 分歩くことがあります。(そしてその途中にある温泉に立ち寄ることもあります。)以前は会員制のスポーツジムに通っていました。その時は、「車でスポーツジムに行って、ランニングマシーン使って走るのってなんかおかしくない?」という信念のもと、休みの日に 50 分歩いてジムに行っていました。運動習慣がついた今は、高価な会員制のジムはやめて、近くの市民体育館のトレーニング室に行っています。ただしここは今年の 6 月で閉まってしまうので、ジム難民になってしまうのですが。こんな風に書くと、まるで私は筋肉隆々か、引き締まったからだの持ち主のようなイメージになってしまいますが、食べることも大好きなので、そういう体形には縁がありません。

食べることの話になったので、最後に私の力飯ならぬ、ほっと飯を紹介します。私のほっと飯は姉が作るボルシチです。ボルシチとはロシアやウクライナなど東ヨーロッパで食べられるビーツ、野菜、牛肉などが入った温かいスープです。姉の作る料理は基本的に塩気がなく、普段、料理にスパイスやらを入れまくる私は味気ないと感じることが多いです。姉は野菜とハーブ、肉からじっくりと出汁をとり、コンソメやブイヨンは使いません。とてもいい香りがするのですが、食べてみるとやはり味がぼんやりしていてしまりがない、ように私には思えます。しかし、これにサワークリームをトッピングすると、急に美味しくなるという不思議な現象が起きるのです。レストランなどで食べたことがないので、正解の味はわからないのですが、この塩分控えめの優しい味にホッとします。親の誕生日など家族で集まる時に、このスープを作ってくれることが多いので、寒い日にぴったりのこのスープは家族のソウルフードとなっています。

三宅さんとは、まだお目に掛かったことがない。本誌 210 号当時の連載・生活指導入門-授業編-で「高校の英語の授業で学べること」という記事を拝読して以来、いつかここにも書いていただきたいと思っていた。そこに描き出されていた、生徒たちが、英単語や英文法を通じて、ごく自然に、自分たちの社会や世界や歴史について考えを深め、様々なことに気づかされてしまう、豊かな授業の様子があまりにステキだったから。
今回も執筆をお願いすると、あっという間に書き上げて送ってくださった。確か移動中の電車の中でそのメールを受け取ったのだが、あとでゆっくり読ませてもらおうと思いつつ、読み始めたら爽やかな筆致にぐいぐい引き込まれ、「もはやバスタオルは不要」の辺りではクスッと笑いが漏れてしまい…最後には、足湯につかりながら美味しいボルシチをご一緒したかのような…そんな親しみと幸せに浸っていた。いつか、本当にお姉さんのボルシチをご馳走してもらいにいきたい。(見波由美子)

ほっとするとき

今回は、青森の公立高校　英語教諭
三宅愛さんの「ほっとするとき」です。
＊写真は全てご本人より提供いただいたものです。

私の住んでいる町や周辺には温泉が多くあります。私は、勤務する学校まで電車で通っていますが、沿線の電車の駅から徒歩圏内で6つの温泉があります。だいたい朝5時頃から夜10時頃まで営業しています。早く帰れる日は、手拭いをカバンに入れて（もはやバスタオルは不要）、朝の電車の中で帰りはどの温泉に寄ろうかと考えています。

それぞれの温泉には特徴があって、その日の自分の気分で選びます。まずは泉質。冷えの湯、熱の湯など。ちなみに匂いのある硫黄泉はここらへんでは出ません。次に設備です。露天風呂あり、オーシャンビュー、漫画喫茶、ドライサウナ、スチームサウナ、手もみ屋さん、演歌有線放送。どこが一番オススメかと聞かれても困りますが、一番非日常空間を味わえるのは、浅虫温泉駅にある温泉です。

駅名に温泉と言う名がついている通り温泉地で、駅前には自由に入れる足湯があります。そして入湯料360円で道の駅の5階から海に沈む夕日を眺めながらお風呂に入れます。午前中で仕事を切り上げた日には、浅虫温泉駅の近くの水族館でアザラシやペンギンに癒やされ、その後に夕日を見ながら温泉にはいれば、もう午前中仕事だったことは忘れます。朝に温泉によってから、出勤する人も珍しくないですが、私はまだその域には達していません。

さて、電車でこの文を書いている今日も実は、部活がないので早く帰れる日。久しぶりに温泉に行って、漫画を読もうかと思います。

もう一つ、ほっとするひとときがあります。それは、運動をしている時です。筋トレしたり、外を歩いたり、ストレッチしたりしていると、体がリフレッシュされ、心も落ち着きます。

BOOK GUIDE

18歳を市民に

日本（語）社会に潜む課題をもとに政治教育の手法を提起

『対話を通して学ぶ「社会」と「ことば」
日本語×民主的シティズンシップ
深く、広く、じっくり考える 20 のトピック』

著者　名嶋義直、野呂香代子、三輪聖

凡人社
2023 年発行
定価 2,300 円＋税

ことばを駆使する活動を通じて政治性や多様性にコミットすることを意図した提起的な内容の教材本である。20 の課題（提起課題）が示され、それぞれ、深めるポイントなどが＜個人＞＜ペア＞＜グループ＞＜クラス＞の段階を分けて示されている。

シティズンシップへの道筋を“ボイテルスバッハ・コンセンサス※”に依拠し、主体的、社会的視点をひきだすことを意図する本書は、単なるハウツー本ではなく、課題中心のアクティブラーニングへと誘うものとなっている。実践者自身、そのことばを発する者として問い返され、Web と連携する情報提示や多言語での進行を視野に入れた展開など、現場において不朽性を追求しえる 1 冊。（安藤誠也）

※Beutelsbach Consensus：政治教育研究者らが独ボイテルスバッハでとりまとめた、教育の現場において①圧倒の禁止、②論争性、③生徒志向、の 3 つを掲げる政治教育の基本原則。

今、必要な「対話」を考える

『**オープンダイアローグ 私たちはこうしている**』

著者　森川すいめい

医学書院
2021 年発行
定価 2,000 円＋税

この本は、著者がフィンランドのある精神科病院の「オープンダイアローグ」（対話を開く）の取り組みに学び、どうしたら日本の現場でこれを実践できるのかという問いに答えようとして書かれたものです。この病院では 1984 年にオープンダイアローグを実施、1992 年～1997 年の間で、精神病状を有するとされた患者 75 人のうち、8 割は精神病状の残存がなく、学業や会社に復帰、内服を継続する人は 2 割でした。これは、2015 年までの調査でも同等の結果が出ているということです。

今、学校現場では、複雑な家庭環境や生徒にとっては希望のない学校環境など様々な困難があります。周りから見ると「周りの人を困らせる人」、しかし、その人によく話を聞いてみると、実はその人は「周りに困っている人」の場合があります。当事者同士が話せるようになるには、どんな対話をイメージしたらいいのか、そんな問いに応えてくれる一冊だと思います。（古川優子）

ジェンダー史が歴史の見方を刷新する

『ジェンダー史 10 講』

著者　姫岡とし子
岩波新書
2024 年発行
定価　960 円＋税

「ジェンダー史は男女の差異化の過程に注目し、差異化によって構築されたジェンダーの作動メカニズムを見ることで歴史の解明を試み」たことで、今まで「不変」「自然」なものとされてきた「家族」「身体」「性差」などが、実は歴史的に時の権力によって都合よく構築されてきたものであることを解明した。

生まれつき女性には高度な思考力や深い洞察力はないとされ、「自然」によって定められた家事・育児など私的領域での役割を果たすべきと、近代国家は女性を政治などの公的分野から排除することから始まった。フランス革命の「人権宣言」の「人」は男性をさし、政治の舞台に乗り出し「女権宣言」を書いたオランプ・ド・グージュは断頭台の露と消えた。

新科目「歴史総合」ではジェンダー視点を取り入れた教科書が出てきているそうだ。ジェンダー視点で歴史に問いかける新しい授業実践を期待したい。　（前田浪江）

私の 1 票が将来を変える！

『ポリポリ村のみんしゅしゅぎ』

著者　蒔田　純
かもがわ出版
2021 年発行
定価 1,800 円+税

民主主義とはどういうことなのか、なぜ民主主義が大事なのかをファンタジーいっぱいの絵本が教えてくれます。

ポリポリ村は自然豊かな美しい町ですが、冬の間は大きなドラゴンが氷の湖に居座るので、怖がって誰も村に遊びに来ません。そこで追い払ってスキー場やスケート場を作って観光客を呼び込もうと考える人がいました。一方で春になってドラゴンが去っていく時、美しい鱗を落とすのでこれを工芸品にして売り出そうという人もいます。そこで村人は村長選挙でどちらにするか決めることにしました。

絵本には選管の役目をする人も登場します。山鹿市議会では小学６年生にこの本を使って出前授業に取り組んでいます。絵本では投票にも行ってないのに結果に文句を言う人がいました。６年生は自分の１票で村の将来が決まると真剣に投票しました。責任と選択そして議論することの重要性を教えてくれる優れた本です。　（服部香代）

子どもの人権の保障、民主主義の強化のための前提条件を考える

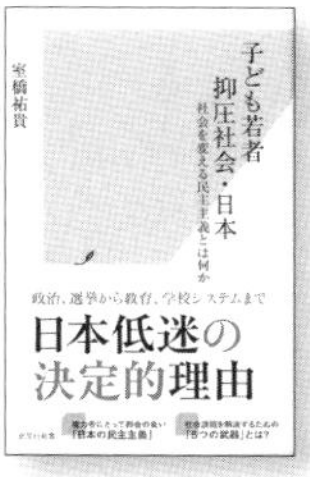

『子ども若者抑圧社会・日本　社会を変える民主主義とは何か』

著者　室橋祐貴
光文社新書
2024 年発行
定価 860 円＋税

日本若者協議会の代表理事として政治・政策への提言を行う筆者は「日本の教育では、非暴力的に、民主的なやり方でどう社会を変えられるかを十分に教えていない」と述べる。さらに「『子どもの権利』についての教育はほとんどなく、実践の場を用意することもないため、『自分は社会を変えることができる』という感覚が極めて乏しい、という。

日本の学校に於いて「子どもの人権が認められない」状況を問題にしている。高校生の政治活動に関する文部省通知、及び「必修クラブ」が導入された 1969 年を「管理教育へと大きくシフトした象徴的な年」と述べ、「ブラック校則」や「部活動強制加入」を問題としている。

次いで、欧州の動向としてフランス、スウェーデン、フィンランド、ドイツなどの制度が詳述されている。何が日本の現状にとって問題なのか。詳しくは本書を読んでいただきたい。　（大津尚志）

編集後記

特集テーマ・編集趣旨を練り、原稿依頼し、実践者とやりとりしながら深めて、分析論文の執筆者を交えて討論をし、みんなのちからを結集してかたちにしていく…その工程のすべてが「実践」そのものです。（見波由美子）★佐藤基調にあるように、楽しい学校生活を探ることはわがままであると高校生に言わせてしまうおかしな空気感に抗い、「いいんだよ」「もっとやろう」と励まし関わった元同僚の河上さん、島村さん、そして矢澤さんの実践記録に関わることができて励まされました。（相良武紀）★機関誌の実践記録から基調発題が生まれる。「泉」が湧く時に立ちあえた。以前の実践記録を発題者は「若すぎて恥ずかしい」という。集団で読み、問いあい、深めることで発題者が自分の実践に深く潜りこみ、自身の行為・行動の裏にあるものを出していった。何度読んでも涙と勇気が湧いてくる「泉」だ。（望月一枝）★今回も第一特集は執筆者の分析論文をもとに編集委員でオンライン分析会を開きました。一人では見えてこなかった実践の良さや課題が複数の読みで深まり、分析論文がブラッシュアップされていきました。編集委員になってオンライン分析会に参加してください。（前田浪江）★大学で社会科教育法も教えるようになって、若者の保守化を実感しています。学力は高く、とてもひとあたりはよい。しかし授業では討論をしたことがなく平和について友達と語り合ったこともないそうです。教育の在り方が、現状維持の思想を生み出しているのではないかと思います。（藤本幹人）★若者座談会では、「反省しています」「どうすれば良いんですかね」と、実践上の悩みを等身大の言葉で語り合いました。学校を覆う管理的な空気や保護者らからの声等によって自らがのまれそうになりながら、「規律」や「自治」をどのように捉え実践すべきかについて探る中で課題が見えてきたように思います。（小波津義嵩）★今回僕は、『コット、はじまりの夏』と、もう一つの映画のどちらを取り上げようか迷っていました。それは、かなりのヒットになった『あの花が咲く丘で、君とまた出会えたら。』です。ご覧になった方、もっと言えば、感動された方もいらっしゃるでしょうが、あえて言います。人の死をダシにしたクソ映画（すみません）です。そりゃ福山の歌はいいですよ。ストーリーも、出会ってしまった若い二人が、運命に逆らえずに悲しい別れを経験させられる。そりゃ泣きますよね（僕も上映中に泣いてしまいました）。でもその死は何のためか。誰のせいか。天変地異や不可避の事故ではない。戦略的にも戦術的にもまったく意味のない作戦が計画され実行されていった。その責任を当事者は取っていないし、日本国民も責任を追及しなかった。私たち教員も、特攻の無意味さを伝えてこなかった。だから今、GNP1%枠も撤廃され、歯止めのない軍拡が行われている。そのことについて、私たちはもっと自覚的に、自分自身も含めて批判的に見ていかなくてはならないのではないかと思います。このような戦争賛美の映画（『永遠の0』とか、『俺は、君のためにこそ死ににいく』とか）が作られ、感動ポルノとして消費されている現状は看過できません。私たち教育現場にいる者たちが、厳しい反省とともに向き合わなければならない問題だと思います。（牧口誠司）★木戸口さんからマルクスで始まる論文を受け取って背筋が伸びました。米山さんには卒論提出後の経験を教えていただけました。書きながら力不足を感じさせられるばかりだった拙稿はご批判いただけたら幸いです。（杉田真衣）★全てがつながっているなと今回の編集会議では特に強く感じました。過去から現在の実践記録も、教育の現場での出来事も、教育とはいったん無関係のように見える個人的な感情や事柄さえも。どんどんせわしなくなる教育の流れのなかで、これからもこの豊かな場を大切にしていきたいです。（濱裕子）★実はまだ終わってない編集作業ですが、ようやく「後記」にたどり着けました。関係のみなさまに感謝です。（地井衣）

今後のよい紙面作りのために本誌への感想・ご意見・ご要望はこちらから

高校生活指導　第218号

2024年9月1日発行
編　集　全国高校生活指導研究協議会
編集長　見波由美子
henshuuchou@kouseiken.jp
発　行　全国高校生活指導研究協議会
発　売　教育実務センター
東京都千代田区三番町14－3　岡田ビル4F
電　話　03（6261）1226
FAX　03（6261）1230
印刷・製本　電算印刷株式会社
（年2回発行）